Ingrid Miklitz

Auf dem Weg zur plastikfreien Kita

MIX
Paper from responsible sources
FSC® C010798
www.fsc.org

www.herder.de

Covermotiv: ©freepik/AdobeStock
Fotos: alle © Ingrid Miklitz, außer S. 58 © jj/stock.adobe.com
und S. 62 © kaliantye/stock.adobe.com
Gesamtgestaltung und Satz: Uwe Stohrer, Freiburg
Lektorat: Caroline Baumer, Freiburg
Herstellung: Graspo CZ, A.S., Zlín
Printed in the Czech Republik

Aus Umweltschutzgründen wurde dieses Buch ohne Folie produziert.
ISBN (Print) 978-3-451-38601-5
ISBN E-Book (PDF) 978-3-451-81922-3
ISBN E-Book (EPUB) 978-3-451-82025-0

Ingrid Miklitz

Auf dem Weg zur plastikfreien Kita

HERDER
FREIBURG · BASEL · WIEN

Inhalt

Schluss mit Plastik

Was zeigt das erste Foto, das Neil Armstrong auf dem Mond gemacht hat? Die atemberaubende Kraterlandschaft oder gar unseren blauen Heimatplaneten aus der Ferne? Das Geheimnis lüftet der Deutschlandfunk am 13.07.2019 im Artikel „Kleiner Schritt, Riesensauerei". Sie ahnen die Antwort schon: Das erste Foto, das jemals von einem Menschen auf dem Mond geschossen wurde, zeigt einen Müllsack. Der Mensch setzt seine dreckige Marke. Er lädt seinen Müll ab – noch bevor auf dem „eroberten" Himmelskörper seine Fußspuren sichtbar werden.

Die Massenproduktion von Plastik begann 1950, also erst vor ungefähr 70 Jahren. Davor war – man glaubt es kaum – ein Leben ohne Plastik möglich. Rund 9 Milliarden Tonnen des formbaren „Wundermaterials" wurden seither produziert. Nur 9 % wurden über ein Recyclingsystem einer Wiederverwertung zugeführt. Die Folgen dieser Entwicklung sind verheerend: Bis 2050, so eine Prognose der Ellen MacArthur Foundation, wird es weniger Fische im Ozean geben als Plastik (vgl. MacArthur; Waughray 2016). Bereits heute liegt Schätzungen zufolge ein Verhältnis von 1:2 zwischen Plastik und Plankton vor, einer lebenswichtigen Nahrungsquelle für viele Meeresbewohner.

Ein ausführlicher Bericht der UN zur Kunststoffverschmutzung, der anlässlich des Weltumwelttages am 5. Juni 2018 veröffentlicht wurde, zeigt, dass Regierungen auf der ganzen Erde endlich beginnen zu handeln. Denn das Plastik-Problem droht durch seine gigantischen Dimensionen in den Bereich des Unbeherrschbaren abzugleiten. Trotzdem gibt es zurzeit noch keine konkreten Ziele zur Plastikvermeidung und Plastikreduktion. Es gibt nicht einmal eine genaue Definition zur Recycelbarkeit von Plastik. Wir können deshalb als verantwortungsbewusste Menschen nicht nur darauf warten, bis Regierungen sich irgendwann dazu durchringen, durch massive Verbote und Gebote sowie ein Umdenken in der Steuer- und Subventionspolitik dem Anwachsen der

Plastikmüllberge Einhalt zu gebieten. Jeder und jede ist mitverantwortlich und muss in seinem oder ihrem Umfeld, im persönlichen Lebens- und Einflussbereich tätig werden. Dazu gehört eine schnelle Abkehr von Plastik, wo immer möglich!

Als Vorsitzende des Landesverbandes der Wald- und Naturkindergärten BW e. V. stellte ich 2017 auf der Mitgliederversammlung die Idee „plastikfreie Wald- und Naturkindergärten" vor. Ich stieß dabei auf eine sehr positive Resonanz und konnte seither viele Erfahrungen sammeln. Darunter die, dass in jeder Einrichtung die Bedingungen anders sind. Jedes Team findet seine eigenen Wege, um sich Schritt für Schritt dem Idealbild einer plastikfreien Kita zu nähern. Natürlich gibt es auf diesem Weg auch Hindernisse und Herausforderungen. Ich möchte in diesem Buch allerdings weniger die Probleme im Umstellungsprozess beschreiben. Stattdessen möchte ich Ihnen mit Gelingens-Geschichten und hilfreichen Informationen Mut machen, sich auf den Weg zu begeben. Ganz nach dem Leitspruch:

„Es gibt keine Garantie dafür, dass man ein Ziel zu einer bestimmten Zeit erreicht. Aber es gibt die Garantie dafür, dass man Ziele, die man sich nie gesteckt hat, niemals erreicht" (David McNally).

Heute zertifiziert der Landesverband Baden-Württemberg plastikfreie Kindergärten mit einem Gütesiegel, wenn sie nach vorgegebenen Qualitätsstandards den Umstellungsprozess bewältigt, dokumentiert und evaluiert haben. Dieser Prozess wird durch Fortbildungen und Beratungsgespräche unterstützt. Tobias Hornung, 2. Vorsitzender im Landesverband der Wald- und Naturkindergärten BW e. V., wird in Kapitel 8 von seinen Erfahrungen berichten.

Beginnen Sie, wagen Sie den Anfang! Machen Sie sich auf den Weg und nehmen Sie das Team, die Kinder und die Eltern an die Hand. Seien Sie ein authentisches Vorbild. Sie tun damit etwas für unsere malträtierte Natur, für Flora und Fauna und letztlich auch für Ihre eigene Gesundheit und die der Ihnen anvertrauten Kinder.

Filmtipp **„Auf dem Weg zum plastikfreien Waldkindergarten"**
Im Frühjahr 2019 wurde auf dem Gelände des Wald- und Naturkindergartens in Tauberbischofsheim ein Film gedreht, der die Botschaft **„Es geht auch ohne Plastik"** veranschaulicht. Der Film wurde ausschließlich vom Landesverband der Wald- und Naturkindergärten in Baden-Württemberg finanziert. Er soll Träger, Fachkräfte, Eltern und Kinder dazu ermutigen, durch ein gemeinsames Engagement einen plastikfreien Kindergarten zu ermöglichen. Zum Film kommen Sie über **www.waldkindergarten landesverband.de/aktuelles**

1. Plastikfrei – wir sind dabei!

1.1 Das Zeitalter des Menschen: hin zur nachhaltigen Kreislaufwirtschaft

Der Mensch hat etwa drei Viertel der festen, eisfreien Erde verändert. Eine Natur im ursprünglichen Sinne, also eine ungestaltete, natürliche Umwelt, gibt es kaum mehr. Stattdessen formt der Mensch Natur nach seinem Willen und seinen Bedürfnissen. Aus diesem Grund setzt sich in der Wissenschaft zunehmend die Überzeugung durch, dass das über 11.000 Jahre bestehende Zeitalter des Holozäns (auch „Nacheiszeitalter" genannt) beendet ist. Die Spezies Mensch sei es nun, die das gesamte Erdsystem extrem beeinflusse. Das „Zeitalter des Menschen" sei eingeläutet.

Erstmals benutzte der Nobelpreisträger Paul Crutzen den Begriff Anthropozän (altgr. anthropos = der Mensch). Dieses geologische Zeitalter zeichnet sich dadurch aus, dass sich auf, über und unter der Erde weltweit und zeitgleich Hinterlassenschaften des Menschen identifizieren lassen. Zu diesen Hinterlassenschaften gehört auch und vor allem Plastik. 60 % der Plastikmasse, die Menschen jemals produziert haben, findet man in der Umwelt wieder. Statt Tonscherben finden Geologen Mikroplastik in der Erde. Mikroplastik, radioaktive Niederschläge, Ziegel, Betonfragmente und Flugasche: Die Spuren des Menschen haben sich – zum Teil unauslöschlich – in der Erde manifestiert.

Wie gelingt eine Umkehr? Weil die Problematik sehr komplex ist, gibt es nicht den einen richtigen Lösungsweg. Aber es gibt ein Vorbild: die Natur selbst. Mit dem Wasserkreislauf, dem Stoffkreislauf im Wald und anderen kunstvollen und effektiv ineinandergreifenden Wirkmechanismen zeigt sie uns, wie perfekt balancierte Ökosysteme funktionieren. Was wir Menschen brauchen, ist eine nachhaltige Kreislaufwirtschaft. Der Mensch muss sich in die natürlichen Kreisläufe seiner Mitwelt integrieren, ein Teil von ihnen werden. Mit Plastik ist das nicht möglich.

Treffen sich im Weltall zwei Planeten. Sagt der eine zum anderen: „Ich bin krank. Ich leide an Menschen." Sagt der andere: „Das geht bald vorbei."

1.2 Die Vermüllung unseres Heimatplaneten Erde

Der deutsche Astronaut Alexander Gerst kehrte nach fast 200 Tagen zur Erde zurück. Wer den blauen Planeten aus der Distanz des Alls sieht, erkennt wohl am eindrücklichsten, wie klein und verletzbar, aber auch einzigartig und wunderbar unser Planet Erde ist. Vor seiner Rückkehr zur Erde hat Gerst von 400 Kilometern über der Erdoberfläche eine circa 5-minütige Videobotschaft an seine Enkel verfasst. In deutlichen Worten richtet er sich vom Cupola-Aussichtsmodul der internationalen Raumstation aus an künftige Generationen und beschreibt, was die Menschheit ändern muss, damit die Erde ein lebenswerter Planet bleibt.

Der Kommandant der Expedition 57 beginnt mit den Worten: „Liebe Enkelkinder, ihr seid noch nicht auf der Welt und ich weiß nicht, ob ich euch jemals treffen werde. Deswegen habe ich beschlossen, euch diese Nachricht hier aufzuzeichnen." Gerst entschuldigt sich bei seinen zukünftigen Enkeln und nachfolgenden Generationen, dass wir ihnen unseren blauen Planeten nicht im besten Zustand hinterlassen werden – obwohl wir es eigentlich besser wissen müssten: „Uns ist schon sehr klar, dass wir den Planeten verpesten." (Gerst, 2018). Denn diese werden die Folgen der globalen Vermüllung schmerzlich zu spüren bekommen, wenn uns keine 180-Grad-Kehrtwende gelingt.

Bisher scheint es, obwohl das Thema Klimawandel medial und politisch zunehmend präsent ist, wenig Anlass für Optimismus zu geben. „Ich zuerst!" – so titelt „Die Zeit" in der Ausgabe vom 14.02.2019. Die Sprachlosigkeit und Untätigkeit der Menschen angesichts des Klimawandels und dessen Folgen kann uns zum Verhängnis werden. Ziellos und antriebslos verharren wir allzu gerne in unseren alten Konsumgewohnheiten. Wir wenden uns ab von den entscheidenden Fragen unserer Zeit und beschäftigen uns weiter mit Nichtigkeiten, im Sinne eines gelebten: „Ich zuerst – und nach mir die Sintflut." Eine erschreckend passende Formulierung in Zeiten des Klimawandels. Und die Politik? Es passiert scheinbar viel, aber es bewegt sich kaum etwas. Eine mäßig informierte „Orientierungslosigkeit" beherrscht seit 1979, dem Jahr der Weltklimakonferenz in Genf, die umweltpolitische Agenda. Das ist erschreckend. Die Politik muss aus ihrer bequemen Haltung heraus, bei der die Devise herrscht: „Ein neuer

Ausschuss wird's schon richten." Realpolitik ist gefordert. Dabei sind Alternativen zu bisherigen Denk- und Handlungsmustern gefragt. „Alternativlos" – dieses Wort wird in der Politik gerne bemüht, wenn politisch Verantwortliche einer sachlich fundierten Diskussion aus dem Weg gehen wollen. Wirklich alternativlos ist beim Plastikkonsum nur eines: Wir müssen umdenken! Denn angesichts des Ausmaßes der menschengemachten Vermüllung des Heimatplaneten Erde steht außer Zweifel, dass wir unsere Konsumgewohnheiten und politischen Rahmenbedingungen rigoros hinterfragen müssen. Dass ein Umdenken nötig und möglich ist, zeigt – wie oft in der Geschichte – die junge Generation. Denn gerade sie haben viel zu verlieren. Mit ihren Protesten bei „Fridays for Future" zeigen Schüler und Schülerinnen, dass sich jeder Bürger und jede Bürgerin im persönlichen Tätigkeits- und Lebensbereich für den Erhalt einer lebenswerten Welt einsetzen kann und sollte. Und da die Zeit tatsächlich drängt, darf dies auch mit einem gewissen Maß an Kompromisslosigkeit durchgesetzt werden.

Was wir brauchen, ist eine neue, verantwortungsbewusste Legitimationskultur: Was geht im Angesicht des Klimawandels noch und was können wir nicht mehr verantworten? Wir können die Folgen unseres Handelns oder Nicht-Handelns nicht ignorieren. Wir müssen den uns anvertrauten Kindern im Umgang mit unserer Mitwelt ein Vorbild sein. Kinder brauchen Erwachsene, die sich emphatisch und tätig für sie einsetzen. Kinder brauchen Erwachsene, die ihnen die Möglichkeit geben, sich für die Natur einzusetzen, auch für ein möglichst plastikfreies Lebensumfeld.

Was wir dringend einfordern und leben müssen, ist eine tätige Verantwortungsethik. Der Begriff wurde von Max Weber als Gegenbegriff zur „Gesinnungsethik" eingeführt und basiert auf einer ethischen Haltung, die die Folgen unserer Handlungen in den Blick nimmt. Weber betont in seiner berühmten Beschreibung eines Verantwortungsethikers: Dieser tritt – im Gegensatz zum Gesinnungsethiker – nicht nur für bestimmte Werte ein. Er berücksichtigt auch die Konsequenzen seines Handelns in der realen Welt. Wir alle wissen: Plastik-Vermüllung hat verheerende Konsequenzen.

1.3 Ja zu plastikfreien Kitas

„Wenn du ein Schiff bauen willst, dann trommle nicht Männer zusammen, um Holz zu beschaffen, Aufgaben zu vergeben und die Arbeit einzuteilen, sondern lehre die Männer die Sehnsucht nach dem weiten, endlosen Meer."

Antoine de Saint-Exupéry

Warum sollten sich Kindertageseinrichtungen für einen plastikfreien Alltag entscheiden? Um sich auf den Weg zu einer Kita ohne Plastik zu machen, gibt es vielerlei Gründe:

Weil Kitas das Wohl der Kinder und unserer Erde im Blick haben.

- Plastik schädigt die Gesundheit von Menschen, Pflanzen und Tieren.
- Kinder zukunftsfähig zu erziehen bedeutet, ihnen Wege aufzuzeigen, wie ein Leben ohne Plastik praktisch möglich ist.

Weil jetzt die richtige Zeit ist.

- Zu keiner Zeit in der Entwicklung werden Gewohnheiten, Vorlieben und das Konsumverhalten so stark geformt wie in diesem Alter.
- Da der Vorbildfunktion der Erwachsenen in diesem Alter nach dem Prinzip der Nachahmung besondere Bedeutung zukommt, tragen pädagogisches Fachpersonal und Bezugspersonen eine besondere Verantwortung.
- Auch die Familien können durch einen plastikfreien Kita-Alltag beflügelt werden: Nirgendwo in der weiteren Biografie von Kindern ergeben sich so zahlreiche Kontaktmöglichkeiten zu den Eltern wie im Vorschulalter. Eltern können im direkten Kontakt mit der Kita und/oder über ihre Kinder deshalb den Impuls „plastikfrei" besonders leicht aufnehmen.

Weil hier der richtige Ort ist.

- Kinder verbringen einen Großteil ihrer aktiven Tageszeit in Kindertageseinrichtungen. Die Kita hat deshalb die große Chance, im Alltag zu vermitteln, dass ein Leben ohne Plastik möglich ist.
- Kitas als Lebens- und Lernorte bieten ein reiches Übungs- und Erfahrungsfeld.
- Kinder können durch Standards, Wissensvermittlung und sich immer wiederholende Handlungsmuster gelebte „Öko-Routine" in der Kita lernen.
- Als meinungsbildende Marke und Konsultationseinrichtung kann eine plastikfreie Kita auf das unmittelbare und mittelbare Umfeld ausstrahlen und andere Institutionen für die Idee begeistern.

2. Plastik: Gefahr für Mensch, Tier und Umwelt

2.1 Einmal Plastik, immer Plastik?!

Wer sich auf den Weg zu einer plastikfreien Kita begibt, kommt nicht umhin, sich damit zu beschäftigen, was Plastik überhaupt ist. Denn Plastik ist nicht gleich Plastik. Gleichzeitig haben Kunststoffe viele Vorteile. Plastik zerbricht nicht in Scherben, wenn es herunterfällt, es ist leicht, meist hitzebeständig, flexibel und günstig. Verpackungen, Getränkeflaschen, Elektrogeräte, Kleidung, Rohre, Stoßstangen und Spielzeug sind nur ein paar Beispiele, die zeigen, wo Kunststoffe überall eingesetzt werden (vgl. Grafik rechts). Kein Wunder, dass wir Deutschen echte Fans sind. Deutschland verbraucht europaweit mit 11,7 Millionen Tonnen jährlich das meiste Plastik. Aber die Vorteile dieses Materials, das unseren Alltag bestimmt, werden teuer erkauft:

- Plastik wird aus Erdöl, einem nicht nachwachsenden Rohstoff, hergestellt.
- Die Produktion ist energieintensiv.
- Bei der Herstellung werden oft giftige Chemikalien eingesetzt.
- Plastik ist organisch nicht abbaubar. Das Umweltbundesamt (2017) schreibt dazu: „Man geht davon aus, dass Mikroorganismen nicht in der Lage sind, Kunststoffe vollständig zu zersetzen. Plastik ist biologisch ‚inert' und daher auch kaum einer Mineralisation unterworfen. Das bedeutet, dass Mikroplastikpartikel zwar kontinuierlich kleiner, aber nicht vollständig abgebaut werden."
- Nur 2 % der jährlichen Plastik-Produktion werden vollständig recycelt, also erfahren beim Recycling keinen Wertverlust. 32 % landen sogar irgendwo in der Umwelt, werden also nicht deponiert oder verbrannt (vgl. MacArthur; Waughray 2016).

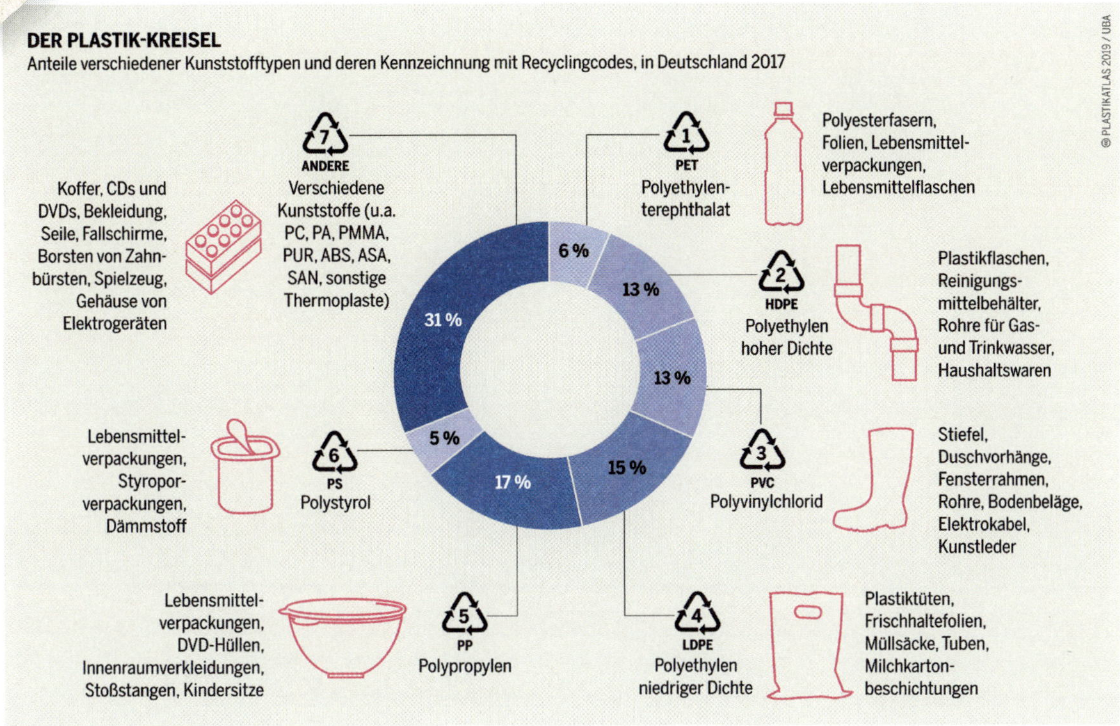

Grafik: © PLASTIKATLAS 2019 I Appenzeller I Hecher I Sack, CC BY 4.0

2.2 Mikroplastik – die unsichtbare Gefahr

Kunststoff gibt es in unterschiedlichen Formen, Farben und Größen. Je kleiner die Kunststoffteile sind, desto höher ist die Anzahl der betroffenen Lebewesen, die diese mit ihrer Nahrung aufnehmen. Unter Mikroplastik versteht man kleinste Kunststoffperlen (synthetische Polymere = Kunststoffe kleiner als 5 Millimeter), die dauerhaft fest und unlöslich sind und nur sehr langsam abgebaut werden.

Deshalb gilt: Augen auf beim Einkauf! Bitte schauen Sie, vor allem bei Kosmetikartikeln und Sonnenschutzmitteln, noch vor dem Kauf auf die Rückseite der Verpackung. Hier finden sich die Inhaltsstoffe des Produkts Ihrer Wahl. Sie erkennen Mikroplastik an folgenden Angaben:

- Acrylates Copolymer (AC)
- Acrylates Crosspolymer (ACS)
- Polyamide (PA, Nylon-6, Nylon-12)
- Polyacrylate (PA)
- Polymethylmethacrylate (PMMA)
- Polyethylene (PE)
- Polyethylenterephthalate (PET)
- Polypropylene (PP)
- Polystyrene (PS)
- Polyurethane (PUR)

Mikroplastik ist in aller Munde – leider nicht nur im übertragenen Sinne. Dass wir Mikroplastik nachweislich auch mit der Nahrung aufnehmen, ist deshalb so erschreckend, weil die Wissenschaft noch nicht genau weiß, was dieser Stoff im menschlichen Körper letztendlich bewirkt. In der Abteilung Lebensmittelsicherheit des Bundesinstituts für Risikobewertung (BfR) gibt es so erst seit 2017 die Fachgruppe „Nanotoxikologie". Sie untersucht schwerpunktmäßig, wie Mikro- und Nanoplastik in den menschlichen Körper gelangt (etwa über die Darmbarriere) und wie es auf menschliche Zellen wirkt.

Aber auch Mikroplastik ist nicht gleich Mikroplastik. Es variiert in Größe, Form und Zusammensetzung. So wird etwa zwischen primärem und sekundärem Mikroplastik unterschieden.

2.2.1 Primäres und sekundäres Mikroplastik

Die Tabelle über die primären Mikroplastikquellen in Deutschland zeigt, welche gravierenden Mikroplastikeinträge allein Verkehr und Verkehrswege verursachen. Das Auto und der Bau von Straßen sowie der Umbau von Städten zu autogerechten Städten hatte und hat große Auswirkungen auf das Eintragsvolumen von Mikroplastik in die Mitwelt. Nach wie vor dominiert in den politischen Entscheidungsprozessen die Befürwortung des Individualverkehrs. Und hinter diesen Politikern und Politikerinnen steht nach wie vor eine einflussreiche Lobby der Auto-, Transport- und Logistikindustrie.

Zum primären Mikroplastik gehören sogenannte Basispellets (das Grundmaterial für die Plastikproduktion) sowie der für diverse Kosmetikprodukte verwendete partikuläre Kunststoff. Auch Putz-, Reinigungs- und Waschmittel enthalten Mikroplastikanteile. Was geschieht damit? Irgendwann gelangt alles ins Abwasser. Kläranlagen können die Mikroplastikpartikel jedoch nur teilweise herausfiltern. Da der mit Plastik kontaminierte Klärschlamm auf die Felder gebracht wird (eine Praxis, die weit verbreitet ist), gelangen die Mikroplastikteilchen auf die Ackerböden. Regenwürmer ziehen sie in die Erde hinein, fressen sie und transportieren sie somit weiter in tiefe Erdschichten (vgl. Yu; van der Ploeg et al. 2019). Nicht nur findet sich Mikroplastik im Kot der Tiere, auch haben Forschungen ergeben, dass hohe Mikroplastik-Konzentrationen im Boden zu einer höheren Sterblichkeit bei Regenwürmern führen. Selbst das Wurm-Wachstum kann sich durch Mikroplastik stark reduzieren. Das bedeutet, dass auch außerhalb von landwirtschaftlich oder gärtnerisch bewirtschafteten Böden oberflächlich ausgebrachtes und/oder herangewehtes Mikroplastik schnell in tiefere Bodenschichten gelangt.

Während das Bewusstsein für Plastik in den Weltmeeren zunimmt, wird weitgehend außer Acht gelassen, dass auch Ackerböden belastet sind. Wissenschaftler und Wissenschaftlerinnen schätzen die Belastung durch Plastik an Land und in Böden als bis zu 32 Mal höher als das Plastikvorkommen in den Meeren. Ungefähr 80 % des Mülls, der im Meer landet, wird über Land eingetragen. Davon beträgt der Plastik-Anteil wiederum 80 %. Jedes Jahr kommen circa 8 Millionen Tonnen Plastik hinzu (vgl. Jambeck; Geyer et al. 2015).

Plastikfetzen im Zerfallsprozess zu Mikroplastik

Sekundäres Mikroplastik entsteht durch den Zerfall größerer Kunststoffteile (Makroplastik). Das geschieht durch Verwitterungsprozesse, Wellenbewegung, Sonneneinstrahlung und Fragmentierung. Zum sekundären Mikroplastik gehören zum Beispiel Teile der riesigen Schleppnetze der Hochsee-

Im Supermarkt an der Kasse.
Die Kundin fragt die Verkäuferin:
„Könnte ich bitte eine Plastiktüte haben?"
Verkäuferin: „Ist kostenlos mit dabei,
befindet sich in dem Fisch,
den Sie gerade kaufen."

fischerei. Die Netze bleiben hängen, zerreißen und fragmentieren so, dass sich Fische darin verfangen und elendig zugrunde gehen. Bis sich die Netzreste auflösen, dauert es sehr lange. Doch auch danach bedeuten sie noch eine Gefahr für die Fische: Das dadurch entstehende Mikroplastik wird von den Meeresbewohnern für Nahrung gehalten und gefressen.

2.2.2 Ein ökologisches Desaster für unsere Meere – und uns

Plastik findet viele Wege, um in die Natur zu gelangen. Neben den Erdschichten verschmutzen Plastikpartikel auch unsere Meere und werden dort über Jahrzehnte mit den Strömungen in allen Weltmeeren verbreitet. Aufgeschreckt wurde die Öffentlichkeit zum Beispiel durch Fotos von fünf riesigen Müllstrudeln: nord- und südpazifischer, indischer, nord- und südatlantischer Strudel. Diese entstehen, da am Äquator die mit Plastik angereicherten Meeresströmungen aus Norden und Süden zusammentreffen (vgl. Schulz 2018). Im Bauch eines gestrandeten Pottwals vor der spanischen Küste fanden Forscher außerdem 17 kg Plastikmüll. Der Wal verhungerte mit vollem Magen.
Auch Mikroplastik findet seinen Weg in die Ozeane. Unter anderem löst sich Mikroplastik aus Fleece-Jacken und anderen Kleidungstücken, die aus Kunststoffgranulat hergestellt werden. Der Kunststoff landet dann über die Waschmaschine in den Gewässern und letztendlich im Meer. Mikroplastik findet sich mittlerweile in allen Tiefen des Meeres. Leichtes Mikroplastik schwimmt dabei meistens auf der Meeresoberfläche. Kleinstlebewesen nehmen die Teile auf und werden wiederum von Fischen gefressen. Meeressäuger und Vögel, die sich von Fischen und Muscheln ernähren, nehmen wiederum über die Nahrungskette Plastik auf.
Über die Nahrungskette gelangt das Mikroplastik also zurück, auch zum Menschen als letztem Glied der Nahrungskette. Man könnte über den Witz oben auf der Seite lachen, wenn er in seiner Grundaussage nicht so erschreckend aktuell und wahr wäre.

2.3 Schadstoffe in Plastik – Gesundheitsrisiko besonders für Kinder

Die meisten synthetischen Kunststoffe bestehen aus Erdöl als Ausgangsstoff. Um dem Material die gewünschten, zum Beispiel elastischen Eigenschaften zu geben, werden diverse Zusatzstoffe wie Weichmacher, Stabilisatoren, Flammschutzmittel oder Füllstoffe beigemischt. Diese Stoffe sind im Plastik meist nicht fest gebunden und können mit der Zeit oder bei bestimmten Anwendungen (z. B. erhöhten Gebrauchstemperaturen) an die Umwelt abgegeben werden. Sie gelangen dann in Lebensmittel, den Hausstaub, die Atemluft und damit auch in den menschlichen Körper.

Giftfrage mit ToxFox

Mit der kostenlosen App ToxFox des BUND **(www.bund.net/giftfrage)** können Sie kritische Inhaltsstoffe von Kosmetik- oder Spielzeugartikeln erfragen, indem Sie den Barcode einscannen. Wenn zum Produkt schon Informationen vorliegen, erhalten Sie Informationen über die darin enthaltenen hormonell wirksamen Giftstoffe sofort. Andernfalls erhält der Hersteller Ihre Anfrage und ist verpflichtet, diese zu beantworten. Grundlage des Auskunftsrechts ist REACH, die europäische Chemikalienverordnung. Das Recht auf Auskunft gilt für 144 als gefährlich eingestufte Chemikalien. Die Anfrage ist auch ohne Internetzugang möglich. Ein Flyer mit Musterbrief „Wie viel Chemie kaufen wir euch ab?" ist erhältlich über den BUND-Infoservice.

2.3.1 Phthalate – Vorsicht vor der Quietschente

Weichmacher bzw. Weichmachungsmittel machen Kunststoffe weicher, flexibler, geschmeidiger und elastischer. 87 % der 2012 verbrauchten Weichmacher wurden deshalb in Kunststoffprodukten eingesetzt, gefolgt von Gummiprodukten, Farben und Lacken. Sie werden unter anderem auch zur Herstellung von Klebstoffen und Befilmungsüberzügen zugegeben (z. B. zur Innenbeschichtung von Konservendosen und -deckeln). Weichmacher gehören zu den meistverkauften Chemikalien. Manche Weichmacher sind gesundheits- und umweltschädlich. Insbesondere gilt das für Phthalate, die bei den Weichmachern einen Marktanteil von 70 % haben und in einer breiten Produktpalette enthalten sind. Die Gruppe der

Phthalate umfasst eine Reihe strukturell ähnlicher Verbindungen, die jährlich weltweit in einer Menge von mehreren Millionen Tonnen erzeugt werden. Mehr als 90 % davon werden dem Kunststoff Polyvinylchlorid (PVC) als Weichmacher (in Konzentrationen bis zu über 50 % der Gesamtmasse) zugesetzt und sind zum Beispiel in Kunststoffbelägen enthalten. Andere Einsatzbereiche sind etwa Lebensmittelverpackungen, Spielzeug, Kosmetika, Medikamente und Textilien. Auch Insektizide enthalten PVC. Das Fatale an Phthalaten: Sie sind chemisch nicht an den Kunststoff gebunden und können deshalb leicht entweichen. So gelangen sie in die Raumluft und in den Hausstaub; der Mensch nimmt sie vorwiegend mit der Nahrung und der Atemluft auf.

Auf welchen Wegen nehmen Menschen Phthalate auf?

Es gibt verschiedene Möglichkeiten, wie Phthalate in den menschlichen Körper gelangen (vgl. Hartmann 2015):

- orale Aufnahme durch belastete Lebensmittel, Getränke, Nahrungsergänzungsmittel und Medikamente
- oraler Kontakt mit diversen Objekten wie beispielsweise Spielzeug
- über die Lunge, z. B. durch Staub oder Luft
- über die Haut durch Kleidung, Kosmetika, Hygieneartikel, Spielzeug, Reinigungsprodukte, Erde etc.
- intravenös durch medizinische Geräte

Phthalate sind selbst an den entlegensten Orten der Erde in Boden, Wasser und Luft nachweisbar. Sie sind fettlöslich und sehr beständig. Deshalb reichern sie sich in der Umwelt insbesondere in Sedimenten an und können in der Nahrungskette kumulieren; beispielsweise über ihre Anreicherung in Fischen. Auf diesem Weg gelangen sie in den Organismus, wo sie auf den Hormonhaushalt einwirken. Die einzelnen Phthalate haben unterschiedliche Auswirkungen auf die menschliche Gesundheit. Bei vielen Phthalaten ist eine Beeinträchtigung der männlichen Fortpflanzung (Hoden, Samenqualität) entweder bewiesen oder es besteht ein starker Verdacht. Auch Schädigungen der Leber, des Nerven- und des Immunsystems und vermehrtes Auftreten von Übergewicht und Insulinresistenz können nicht ausgeschlossen werden. Phthalate können außerdem die Plazentaschranke durchdringen und ein Kind im Mutterleib schädigen (siehe auch Grafik S. 21). Vor allem Kinder, deren Organismus sich noch entwickelt, nehmen vermehrt Phthalate auf – etwa aus Spielzeugen und Fußbodenbelägen.

Die Gesundheit von Kindern ist durch Weichmacher deshalb besonders gefährdet. Viele deutsche Kitas sind durch Spielzeuge und Einrichtung zum Teil stark mit Weichmachern belastet, meldet der Umweltverband BUND (2019) und fordert ein Verbot dieser Substanzen. In diesem Zusammenhang hatte die Umweltschutzorganisation Kitas bundesweit dazu eingeladen, Staubproben einzuschicken. Daraufhin wurden auf Kosten des BUND 60 Proben auf mögliche Schadstoffe untersucht.

Das besorgniserregende Ergebnis? Die Tests haben in jeder Einrichtung Weichmacher nachgewiesen. Das überrasche nicht, schreibt der BUND, da diese Stoffe mittlerweile überall in der Umwelt verbreitet seien. Im Vergleich zu normalen Haushalten waren die getesteten Kitas jedoch dreimal stärker mit Weichmachern belastet. In einigen Kitas wurden besonders alarmierende Werte festgestellt: Dort könnten Kinder allein durch ihren Aufenthalt in den Kita-Räumen gefährliche Chemikalien in gesundheitlich bedenklicher Konzentration aufnehmen. Bei den analysierten Kita-Staubproben zeigte sich laut BUND eine besonders hohe Belastung mit den Weichmacher-Phthalaten DINP und DEHP. DEHP hat die EU bereits offiziell als fortpflanzungsschädigend eingestuft, für DINP steht dies noch aus.

Da Spielmaterial, das aus Weichplastik besteht, die Gesundheit von Kindern und Fachkräften besonders belasten kann, sollte die Kita im Umstellungsprozess „plastikfrei" das Augenmerk zuallererst auf solche Spielmaterialien richten. Woran aber erkennt man Weichmacher?

Wer kennt sie nicht,
die lustige, gelbe **Quietschente**?
Da schwimmt sie im Handwaschbecken und erfreut gerade ein zweijähriges Kind.
Die Ente wird **gedrückt** und auch **in den Mund genommen**. Sie ist ja so schön weich!
Was sie so schön weich und biegsam macht, ist aber in der Regel **PVC. Dieser Weichmacher ist giftig für Mensch und Umwelt.**

Aktuell gibt es keine Kennzeichnungspflicht für Weichmacher! Bausteine oder Figuren aus hartem Plastik bestehen meist aus dem unbedenklichen Kunststoff ABS (Acrylnitril-Butadien-Styrol-Copolymer) – zumindest bei namhaften Herstellern und nach aktuellem Wissensstand. Anders sieht es bei Spielzeug aus Weichplastik aus: Es besteht meist aus hartem PVC, das mit Weichmachern, etwa Phthalaten, elastisch gemacht wird und zu Weich-PVC wird. Zwar gibt es für diesen Stoff Grenzwerte, aber es wird in Untersuchungen immer wieder Spielmaterial gefunden, das diese Grenzwerte überschreitet. Was die Spurensuche für Phthalat-Weichmacher zusätzlich erschwert: Sie sind geruchlos. Deshalb sollte im Optimalfall nur Spielzeug erworben werden, das Hinweise wie „PVC-frei" und „Phthalat-frei" enthält. Spielzeug mit dem Siegel „spiel gut" enthält ebenfalls kein PVC. Außerdem helfen folgende Kriterien:

Woran erkennt man Weichmacher?

- Manchmal findet sich das Kürzel „PVC" oder „Vinyl" oder Kunden finden den Recyclingcode „3" auf der Verpackung.
- Produkte aus Weich-PVC sind weich und haben häufig eine „speckige" Oberfläche.
- Das Produkt gibt bei Druck mit dem Daumennagel nach.
- Nasentest: Produkte, die stark riechen, enthalten Stoffe, die „ausgasen" (Phthalat-Weichmacher sind allerdings geruchsneutral).
- Bei Unsicherheit beim Hersteller nachfragen! Das sensibilisiert die Industrie außerdem für Bedenken, die ihr Produkt bei informierten Kunden und Kundinnen auslöst.

2.3.2 Bisphenol A – ein hormonell wirkender Stoff

Laut dem Umweltverband BUND (2018) werden weltweit pro Jahr 6 Millionen Tonnen Bisphenol A (BPA) hergestellt, davon knapp eine halbe Million Tonnen in Deutschland. BPA ist eine chemische Verbindung aus der Gruppe der Diphenylmethan-Derivate. Der Stoff wird synthetisch hergestellt und auch in PVC verarbeitet. BPA wird oft als Weichmacher für Plastikprodukte bezeichnet, genau genommen aber ist es schlicht ein Grundbaustein des Kunststoffs Polycarbonat.

Deshalb ist BPA vor allem in dem harten, oft durchsichtigen Plastik Polycarbonat enthalten. BPA findet man in Plastikflaschen, DVDs, Plastikspielzeug, Thermopapieren

(z. B. Kassenbons), der Innenbeschichtung von Konservendosen und Twist-off-Deckeln, Getränkebehältern, Bodenbeschichtungen aus Epoxidharz, Rohren, Lebensmittelboxen, Sichtfenstern von Wasserkochern und vielen anderen Gegenständen des täglichen Gebrauchs.
Bisphenol A löst sich besonders, wenn der Kunststoff erhitzt wird oder mit Säuren und Laugen in Berührung kommt. Bei kochendem Wasser erreicht die Freisetzungsrate sogar das 55-Fache. Wenn abgefülltes Trinkwasser in Polycarbonat-Flaschen zu warm gelagert wird, wenn Speisen in Behältern aus Polycarbonat erhitzt werden und der Abwasch in der Spülmaschine oder mit heißem Wasser erfolgt, ist also absolute Vorsicht geboten.

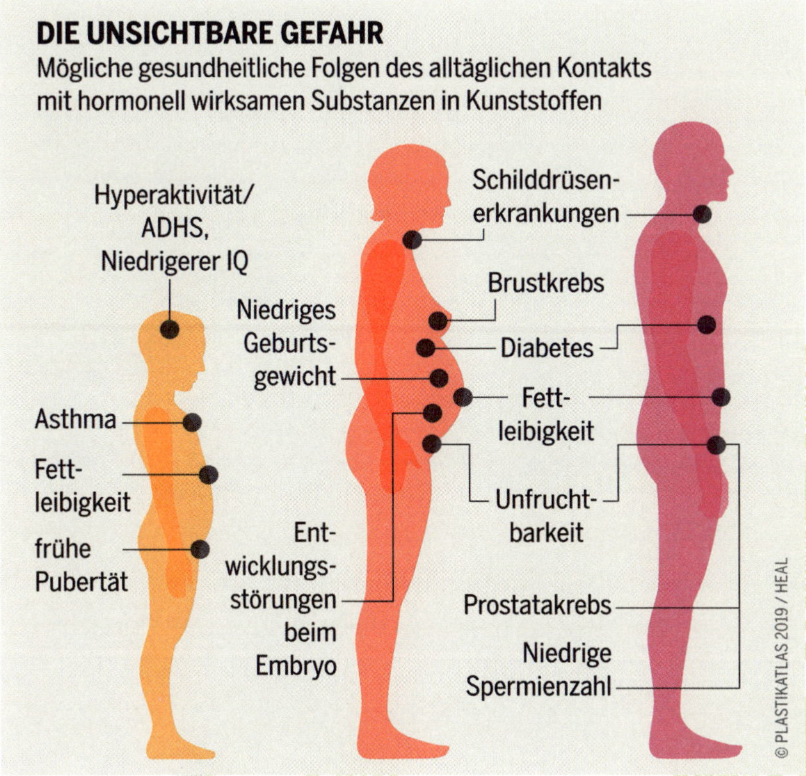

Grafik: © PLASTIKATLAS 2019 | Appenzeller | Hecher | Sack, CC BY 4.0

Dass der Stoff alles andere als ungefährlich ist, zeigt beispielsweise das 2011 europaweit in Kraft getretene Verbot von Babyflaschen aus Polycarbonat. Die WHO kategorisiert BPA zudem als einen Stoff mit hormonähnlicher Wirkung und sieht es als erwiesen an, dass BPA beim Menschen bereits in kleinsten Mengen zur Entstehung von Krankheiten wie Diabetes mellitus, Fettleibigkeit, Störungen der Schilddrüsenfunktion, Entwicklungsstörungen (insbesondere bei Kindern) und Unfruchtbarkeit beiträgt.

2.3.3 Kunststoff Melamin – essen mit Nebenwirkungen

Geschirr aus Melamin

Farbenfrohe Teller, Becher und Kochutensilien kommen bei Kindern gut an. In vielen Kitas gibt es deshalb buntes Geschirr, bedruckt mit beliebten Motiven. Auch in den Funktionsbereichen findet man leichtes, stabiles und bruchsicheres Plastikgeschirr – vor allem im Rollenspielbereich „Kinderküche".
Doch woraus besteht das Plastikgeschirr eigentlich? Häufig enthält es Melaminharz, einen harten, bruchsicheren Kunststoff. Melamin ist ein weißes, geruch- und geschmackloses Pulver, das industriell gewonnen wird. Indem es mit Formaldehyd versetzt wird, wird es zu Kunstharzen weiterverarbeitet. Melamin findet sich so nicht nur in Kunststoffen, sondern zum Beispiel auch in Nagellack, Kleidung und Medikamenten.
Leider fehlen bei vielen im Handel erhältlichen Melaminprodukten Sicherheitshinweise, die dauerhaft gut lesbar auf dem Geschirr angebracht sind. Das fordern Verbraucherzentralen seit Längerem. Und das aus gutem Grund. Denn neben dem Problem der Entsorgung dieser Plastikteile lauern bei der Verwendung der Produkte besondere Gefahren.

Die mangelhafte Kennzeichnung von Melamin

Eine Kennzeichnung des Stoffs Melamin ist derzeit nicht vorgeschrieben. Aufkleber mit Gebrauchshinweisen lösen sich nach dem Kauf oder werden entfernt, bieten also keine Informationssicherheit. Leider gibt es auch keine einheitlichen

Warnhinweise. Jeder Hersteller kann Symbole nach eigenem Gutdünken frei erfinden: ein Irrgarten für Verbraucher, die Schadstoffe meiden wollen. Teilweise wird für Melamin die Bezeichnung MF verwendet oder der Recycling-Code 07. Schließlich werden auch andere giftige Stoffe in Melamingeschirr oftmals nicht angegeben. Laut einem Bericht vom SWR ist einer dieser Stoffe das Abbauprodukt Nonylphenol. Es wird zugesetzt, damit Kunststoffe unter Einwirkung von Sonnenlicht und Hitze stabil bleiben (vgl. Schütze 2015).

Wird Melamingeschirr zum Kochen, Braten oder Erhitzen verwendet oder werden heiße Speisen in Plastikgeschirr gefüllt, können schädliche Stoffe wie Formaldehyd und/oder Melamin aus dem Geschirr austreten und in die Nahrungsmittel gelangen. Das geschieht bei Temperaturen von über 70 °C (vgl. BfR 2011). Ebenso gefährlich ist das Erhitzen von Melamingeschirr in der Mikrowelle, denn hier kann die Temperatur 70 °C leicht übersteigen. Wie die freigesetzten Bestandteile Formaldehyd und Melamin wirken, ist bekannt: Die Stoffe sind gesundheitsschädlich. Sie gelten als reizend, krebserregend und lösen Atemstörungen aus.

Doch nicht nur Hitze ist bei Plastik-Geschirr problematisch: Bei der Zubereitung eines Teigs mit einem Mixer in einer Plastikrührschüssel gelangen feinste Materialteilchen in das Rührgut. Wird der Teig anschließend im Backofen erhitzt, erfolgt auch hier die gefährliche Freisetzung giftiger Stoffe. Füllt man säure-, fett- und salzhaltige Lebensmittel in Melamingeschirr, kann es dadurch ebenfalls zum Eintrag von giftigen Stoffen in Lebensmittel kommen. Schließlich auch problematisch: Melamin lässt sich nicht thermisch recyceln, wie das bei einigen anderen Kunststoffen möglich ist. Im Zweifel gehört es also in den Sondermüll.

Leider ist auch Geschirr aus Bambus keine gesunde Alternative. Da hier als Bindemittel meist Melaminharz zugefügt wird, sind diese Behältnisse für über 70 °C heiße Speisen und Getränke ungeeignet. Deshalb gilt: Keine Behälter aus Bambus im Mikrowellenherd erhitzen! Und wie sieht es mit Zahnbürsten aus Bambus aus? Der Griff aus Holz vermindert zwar den Einsatz von Plastik, allerdings sollten die Borsten geprüft werden. Machen Sie einfach die Brennprobe: Wenn die Borsten schmelzen, ist Plastik mit im Spiel. Zu bedenken ist auch, dass lange Transportwege die Ökobilanz von Bambusprodukten verschlechtern.

2.3.4 Formamid in Puzzlematten – geschäumtes Gift

Formamid entsteht aus speziellen Aufschäummitteln, die bei der Schaumstoffherstellung eingesetzt werden. Da Formamid langsam aus den Schaumstoffen entweichen kann, sollte davon Abstand genommen werden. Denn die Substanz wird als Gefahrstoff eingestuft, der das Erbgut und die Entwicklung des ungeborenen Kindes im Mutterleib schädigen kann und fortpflanzungsgefährdend wirkt.
Im Gegensatz zu vielen anderen Lösungsmitteln ist Formamid in Schaumstoffen wie Ethylen-Vinylacetat-Copolymer (EVA) nicht unmittelbar zu erkennen, da es keinen stechenden Geruch aufweist. Das ist fatal. Denn in den meisten Produkten, die als „Moosgummi" angeboten werden, kann Formamid nach und nach freigesetzt werden (vgl. Öko-Test 2016). Zum Beispiel bei Boden-Puzzlematten, auf denen Kleinkinder in Kitas in der Regel besonders gerne spielen, sollte deshalb im Voraus genau recherchiert werden, ob sie Formamid enthalten.

2.3.5 PAK – krebserregende Verbindungen

Die umweltschädlichen und gesundheitsgefährdenden Eigenschaften von PAK (Polyzyklische Aromatische Kohlenwasserstoffe) sind seit Jahren bekannt: „Einige PAK-Verbindungen sind krebserregend oder krebsverdächtig, viele haben eine fortpflanzungsgefährdende oder erbgutverändernde Wirkung" (Öko-Test 2018a).
Trotzdem enthalten viele Kunststoffprodukte immer noch PAK. Sie entstehen nicht nur bei jeder natürlichen Verbrennung, sondern werden auch gezielt zur Behandlung von Kunststoffen eingesetzt. Besonders Kunststoffe aus Gummi oder Weich-PVC sowie schwarze Kunststoffe sind mit PAK belastet. In Form von Weichmacherölen (Teeröle), die bei der Kohle- oder Erdöldestillation entstehen, kommen sie etwa zum Einsatz, um Kunststoffe weich und elastisch zu machen. Unbehandelter Ruß schwärzt den Kunststoff. Handgriffe, Kabel, Spielmaterialien und Sportartikel oder Schuhe sind hierfür nur einige Beispiele. Da bis 2010 in Autoreifen noch Weichmacheröle mit PAK verwendet wurden, können auch Sportböden, die aus älteren Reifen recycelt worden sind, von PAK durchsetzt sein (vgl. Umweltbundesamt 2010).

2.3.6 Blei und Cadmium – Vorsicht vor Secondhand-Spielzeug

Da Schwermetalle wie Blei und Cadmium bereits in geringer Menge dem Gehirn, zentralen Nervensystem und Hormonsystem schaden können, herrschen in Deutschland und der EU heute strikte Grenzwerte bei Elektrogeräten und Spielzeug. Das war jedoch nicht immer so.

Ist aktuelles Spielzeug in der Regel in Bezug auf Schwermetalle unbedenklich, kann älteres Spielzeug immer noch eine erhebliche Menge an giftigen Schwermetallen enthalten. Das ergab eine Studie von 2018. So lösten sich etwa aus gelben und roten Legosteinen – wohl aus den 70er-Jahren – mehr Cadmium und Blei, als nach der aktuellen Spielzeugrichtlinie erlaubt ist. Zusätzlich zeigten rote und graue Dinosaurierfiguren bedenkliche Werte.

Auch wenn der Besuch auf dem Flohmarkt oder der Griff zum Secondhand-Spielzeug gut gemeint ist, gilt hier deshalb besondere Vorsicht. Gerade bei Kleinkindern, die Spielzeuge intensiv bespielen und in den Mund nehmen, sollte um der Gesundheit willen besser auf altes Secondhand-Spielzeug verzichtet werden (vgl. Öko-Test 2018b).

2.3.7 Schadstoffe in Bodenbelägen – gefährliches Krabbeln

Nicht nur bei Spielzeug und Geschirr sollte auf Schadstofffreiheit geachtet werden. Auch die Einrichtung von Kitas kann gesundheitsgefährdend wirken. Gerade Kleinstkinder verbringen viel Zeit liegend, robbend oder krabbelnd. In Krippen haben Kleinstkinder darum häufig großflächigen Hautkontakt mit Fußböden. Von welchem Belag ist Abstand zu nehmen?

PVC-Bodenbeläge (auch „Vinylböden") sind aufgrund der dort oft verwendeten gefährlichen Weichmacher (siehe Kapitel 2.3.1) ein deutliches No-Go in Kitas und Krippen. Auch können die gängigen Fußbodenheizungen das Ausgasen von Schadstoffen noch verstärken.

Ebenso schädlich sind Teppichböden mit Schaumrücken. Aus dem Schaumrücken kann gerade bei neuen Teppichen zum Beispiel Vinylchlorid ausdünsten. Vinylchlorid (VC) ist ein farbloses, brennbares und narkotisierendes Gas, das in hoher Konzentration einen leicht süßlichen, chlorartigen Geruch aufweist. Es ist die Grundsubstanz zur Herstellung von Polyvinylchlorid (PVC). Bei neuen Teppichböden können außerdem über mehrere Wochen Styrol-Butadien-Ausgasungen stattfinden – Butadien ist

krebserregend, Styrol steht im Verdacht dazu. Neben dem Schaumrücken kommen bei verklebten Teppichen Belastungen durch ausdünstende Kleber hinzu. Auch hier verstärkt eine unter dem Teppich angebrachte Fußbodenheizung die gesundheitsschädigende Wirkung.
Schließlich sei noch vermerkt, dass für Mottenschutz häufig synthetische Insektizide, sogenannte Pyrethroide, Verwendung finden. Da Schurwollteppiche zur Erlangung des Wollsiegels mottensicher ausgerüstet sein müssen, ist hier ebenfalls – gerade bei Kindern – Vorsicht geboten.

2.4 Plastik in Kleidung

2.4.1 Schluss mit Wegwerf-Artikeln

Kaum eine Branche verwendet mehr Plastik als die Textilindustrie: „Sie emittierte 2015 über 1,2 Milliarden Tonnen Treibhausgase – mehr als alle internationalen Flüge und die weltweite Schifffahrt zusammen. Und 63 % aller bei der Kleiderproduktion verwendeten Materialien sind Plastik" (Der Spiegel Nr. 29/13.07.2019). Die Textilindustrie setzt aber Kunststoffe nicht nur bei der Produktion ein. Für Transport und Präsentation im Laden kommen zusätzlich viele Kunststoffe zum Einsatz. Schließlich soll die Ware sauber beim Kunden ankommen und in attraktiver Verpackung angeboten werden.
Textilien sind zu Wegwerf-Artikeln geworden. Eine aggressiv werbende Fast-Fashion-Industrie überschwemmt den Markt mit billiger Synthetik-Kleidung. „Es kostet ja nicht viel", denken Konsumenten und Konsumentinnen, „da kaufe ich mir doch noch das eine oder andere trendige Kleidungsstück dazu." Derweil sinkt in den Herstellungsländern nicht nur der Grundwasserpegel und Land, Luft und Gewässer leiden unter produktionsbedingten Schadstoffeinträgen. Auch werden Arbeitskräfte ausgebeutet. Wenn Kinder von klein auf Fast-Fashion-Werbung ausgesetzt sind und sogar Fachkräfte in der Kita modisch gekleidete Kinder mit positiver Aufmerksamkeit belohnen, unterstützt das den glitzernden Wegwerf-Betrieb.
Doch nicht nur Plastik wirkt sich schädlich auf die Umwelt und die Länder aus, in denen Kleidung produziert wird. Auch Baumwollkleidung sollte nicht unbedacht konsumiert werden. Baumwolle wächst nicht in Deutschland. Mit jedem im Ausland produzierten T-Shirt mit einem Gewicht von 250 Gramm werden quasi 2495 Liter Wasser importiert. Pro Kilo Baumwollfaser kann also mit 10.000 Liter virtuellem Wasser gerechnet werden (vgl. Water Footprint Network 2017).

Wer verantwortungsethisch handelt, überlegt deshalb vor jedem Kauf eines Kleidungsstückes:

- Braucht mein Kind das wirklich?
- Lässt sich ein getragenes Kleidungsstück ausbessern, flicken, aufhübschen?
- Kann ich etwas, das mein Kind selten braucht, ausleihen? Kann ich mit anderen Eltern etwas gemeinsam kaufen und nutzen?
- Kann ich etwas Secondhand auf Flohmärkten, von Verwandten oder von befreundeten Familien erwerben?
- Wenn ich etwas kaufe: Ist die Farbe so neutral, dass das Kleidungsstück von Mädchen und Jungen getragen/aufgetragen werden kann?
- Ist das Kleidungsstück recycelbar und frei von Giftstoffen?
- Unter welchen Bedingungen wurde das Kleidungsstück (wahrscheinlich) hergestellt?

Die Klima-Krise hat also auch die Mode-Industrie eingeholt. Wir als Konsumierende können ein Umdenken der Industrie einfordern: durch unser Kaufverhalten und kritisches Nachfragen in den Geschäften und bei den Unternehmen, die Plastikkleidung produzieren.

2.4.2 Im Dschungel der textilen Qualitätssiegel

Bekleidungssiegel gibt es viele: Blauer Engel, GOTS, Oeko-Tex und Cradle to Cradle sind nur ein paar davon. Leider finden sich Verbraucher und Verbraucherinnen aber nur schwer zurecht, für was sie eigentlich stehen. Denn jedes Siegel legt andere Kriterien an die getestete Kleidung an. Als ökologisch bestes Label gilt jedoch das Siegel des Internationalen Verbands der Naturtextilwirtschaft: das IVN Best (vgl. Greenpeace 2018).

Hier werden die strengsten ökologischen Standards zugrunde gelegt. Geprüft wird die gesamte textile Kette vom biologischen Anbau bis zum Endprodukt. Auch der Einsatz von giftigen Chemikalien und ob die Textilien vollständig biologisch abbaubar sind, wird untersucht. Kleidung aus synthetischen Fasern ist hier von der Zertifizierung ausgeschlossen, weil die Herstellung zum einen viel Energie und zum anderen nicht erneuerbare Rohstoffe wie Erdöl verbraucht. Mischfaserkleidung, die vor allem mit Polyesteranteilen in Massen produziert wird, entspricht ebenfalls nicht den Standards von IVN Best – aufgrund der nicht erfüllten Standards Kreislauffähigkeit/Recycling. Denn nur Textilien aus 100 % Naturfasern können vollständig biologisch abgebaut werden (vgl. Greenpeace 2018).

2.5 Bio-Kunststoffe als Lösung?

Biologisch abbaubare Polymere aus erneuerbaren Rohstoffen gelten als zukunftsfähige Alternative zu anderen Kunststoffen. Sie werden aus erneuerbaren natürlichen Rohstoffen (Pflanzen) hergestellt und die Abbauprodukte der Biopolymere (Methanol, Methan) können wiederverwendet werden. Auch kann der in den Pflanzen gebundene Bodenkohlenstoff herausgenommen und auf diesem Wege verwertet werden. Das ermöglicht einen geschlossenen Kohlenstoffkreislauf (vgl. Greenpeace 2005).
Aber Achtung! Eine allgemeingültige Definition von Biopolymeren bzw. Bio-Kunststoffen gibt es noch nicht. Biopolymere sind nicht mit Bio-Kunststoffen gleichzusetzen. Zwar sind beide in der Regel kompostierbar. Beide gelten als biologisch abbaubare Werkstoffe, deren Abbau durch Mikroorganismen wie Bakterien, Pilze und Algen erfolgt. Biologisch abbaubare Kunststoffe können aber auch aus fossilen, also nicht erneuerbaren Rohstoffen (z. B. Erdöl) gewonnen werden. Biopolymere entstehen hingegen – so die mehrheitliche Auslegung – ausschließlich aus nachwachsenden Grundsubstanzen wie Zellulose (Holz, Baumwolle), Horn oder Rohkautschuk bzw. werden durch biotechnologische Prozesse gewonnen (vgl. Greenpeace 2005).
Zwar haben Biopolymere bezüglich Herstellung und Wiederverwertbarkeit eine bessere CO_2-Bilanz als Plastik, das aus Erdöl hergestellt wird. Allerdings gibt es auch hier mehrere Probleme. So gibt es bisher nur wenige Produkte auf dem Markt mit 100 % biologisch abbaubarem Plastik aus nachwachsbaren Rohstoffen. Das liegt unter anderem daran, dass Kunststoffe meist keine homogenen Produkte sind. Sie benötigen – nach aktuellem Stand erdölbasierte – Zusatzstoffe, um die gewünschten Eigenschaften aufzuweisen.
Noch entscheidendere Kritikpunkte nennt aber das Umweltbundesamt. So entstehen bei der Herstellung von Biopolymeren und dem Anbau der dafür verwendeten Pflanzen (Mais, Kartoffeln etc.) hohe Feinstaubemissionen, die Böden versauern und Gewässer werden belastet. Das Bundesamt kommt darum sogar zum Schluss: „Biologisch abbaubare Kunststoffe für Verpackungen, die aus nachwachsenden Rohstoffen hergestellt werden, haben insgesamt keinen ökologischen Vorteil" (Umweltbundesamt 2012).

Kunststoffpyramide

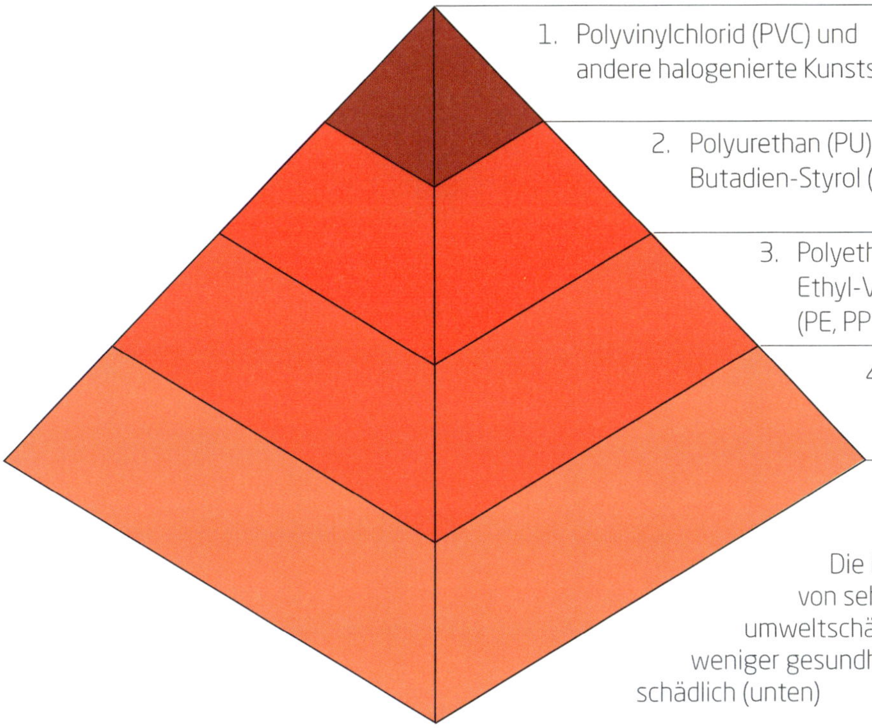

1. Polyvinylchlorid (PVC) und andere halogenierte Kunststoffe
2. Polyurethan (PU), Polystrol (PS), Acrylnitril-Butadien-Styrol (ABS), Polycarbonat (PC)
3. Polyethylen-Terephthalat (PET), Ethyl-Vinyl-Acetat (EVA), Polyolefine (PE, PP usw.)
4. Biopolymere

Die Kunststoffe sind sortiert von sehr gesundheitsgefährdend/umweltschädlich (oben) nach tendenziell weniger gesundheitsgefährdend/umweltschädlich (unten)

(nach Greenpeace 2005)

3. Alternativen zu Plastik in der Kita

3.1 Erste Schritte für eine schadstoffarme Kita

Vom Teppichboden über die Quietschente zum Kinderteller: Wenn wir uns im Alltag umsehen, scheint ein völlig schadstoff- und plastikfreies Leben eine kaum lösbare Aufgabe zu sein. Die Umstellung zur völligen Plastikfreiheit muss jedoch nicht von heute auf morgen gelingen. Sie können bereits – ganz ohne Vorbereitung – ein paar Ihrer Gewohnheiten anpassen, um die schlimmsten Schadstoff-Belastungen in der Kita zu vermeiden.

So sollten Sie schnellstmöglich Spielzeug mit Weich-PVC (siehe Tipps S. 20) für Kinder unter drei und grundsätzlich alle unangenehm riechenden Plastikartikel aussortieren. Ist das geschafft, steht die Überprüfung des Bodenbelags in der Kita bzw. aller Sitz- oder Krabbelunterlagen an, zum Beispiel auch Puzzlematten, die als „Moosgummi" deklariert sind.

Folgende kleine Tipps helfen außerdem dabei, die Kita-Küche mit wenig Aufwand sicherer zu machen:

- Küchenartikel aus Bambus oder Plastik möglichst nicht erhitzen – auch nicht in der Mikrowelle – und nicht mit über 70 °C erhitzten Lebensmitteln oder Säuren/Laugen benutzen. Geschirr aus Polycarbonat, wie z. B. Mixbecher, nicht in der Geschirrspülmaschine waschen. Wenn sich durch die Hitze Schadstoffe herauslösen, wird auch das andere Geschirr kontaminiert.
- Küchengegenstände aus Polycarbonat kurz vor der Verwendung unbedingt noch einmal kalt abspülen.
- Vorsicht vor trüben Gegenständen: Wird das ansonsten klare Material trüb, ist das ein Anzeichen dafür, dass sich Schadstoffe gelöst haben.
- Nach Berührung eines Kassenbons die Hände zeitnah waschen.

- In Plastik eingeschweißte, vor allem fetthaltige Lebensmittel, wie Käse, Milch und Wurst, reichern sich über die Verpackung besonders hoch mit Weichmachern an. Deshalb wenn möglich darauf verzichten bzw. umpacken.
- Auf Fertiggerichte verzichten, da sie mit Weichmachern belastet sein können.
- Bedruckte Papierservietten sollten nie zum Einpacken oder als Unterlage von Essbarem benutzt werden. Vor allem Rot-, Gelb- und Orangetöne sind problematisch.

3.2 Plastikfreie Alternativen im Kita-Alltag

In der folgenden Aufzählung werden beispielhaft Plastik-Produkte aufgeführt, mögliche Belastungen aufgezeigt und plastikfreie Alternativen genannt.

Bastelmaterial

Ofenhärtende Modelliermasse aus PVC (Polyvinylchlorid), z. B. Fimo, besteht aus PVC und Weichmachern; kann beim Erhitzen giftige Dämpfe abgeben.

Mögliche Alternativen bzw. Entsorgung:
nicht aushärtende, normale Knetmasse (z. B. aus Bienenwachs)

Plastikstrohhalme

Mögliche Alternativen bzw. Entsorgung:
zuschneiden von echten Strohhalmen; Strohhalme aus gehärtetem Glas

„Moosgummi“ (EVA-Schaumstoff) (siehe Kapitel 2.3.4)

Mögliche Alternativen bzw. Entsorgung:
entsorgen

Plastikgeschirr, Küchen- und Backutensilien, Gefäße und Geschirr aus Bambus

Aus **Bambusgeschirr** treten Formaldehyd und Melamin aus. Diese gesundheitsschädlichen Stoffe lösen sich vor allem beim Befüllen mit heißen Speisen und Getränken. Es ist auch nicht recycelbar! (siehe Kapitel 2.3.3)

Mögliche Alternativen bzw. Entsorgung
Plastik- und Bambusgeschirr entsorgen; Edelstahlgefäße und/oder Porzellan (am besten Secondhand); Backformen aus Metall; plastikfreie Backutensilien und Küchenhelfer (z. B. Teigschaber aus Edelstahl)

In Innenteilen von **Geschirrspülmaschinen** findet sich häufig Polypropylen, das die Umwelt belastet. Nur ein Drittel dieses Kunststoffs wird recycelt (NABU).

Mögliche Alternativen bzw. Entsorgung: Es geht auch ohne! Die Kinder können dann lernen, wie man richtig von Hand abwäscht (vgl. Miklitz 2012).

Plastik-Brotdosen, Plastikflaschen u. ä. Behältnisse

Bewahrt man in solchen **Behältern** Essen oder Flüssigkeiten auf, können Spuren von BPA (siehe Kapitel 2.3.2) auf das Füllgut übergehen.

Mögliche Alternativen bzw. Entsorgung: Leere Metalldosen (z. B. leere Cremedosen für kleine Mengen) und gebrauchte Glasflaschen sind ein ressourcenschonender und kostenloser Ersatz; Behältnisse aus Edelstahl; Brotboxen aus Zuckerrohr und Mineralien

Klarsichtfolie

Mögliche Alternativen bzw. Entsorgung: keine Klarsichtfolie mehr kaufen; Alternativen sind z. B. Topfhauben aus Silikon oder Stoffresten (mit oder ohne eingenähten Gummizug) und Wachstücher (siehe Kapitel 7.5.2)

Wasserspender/Wasserkanister aus Plastik

Wasserspender aus Edelstahl

Häufig wird Polyethylen (PE) verwendet.

Mögliche Alternativen bzw. Entsorgung: Edelstahlbehälter; Glasbehälter

Matten/Bezüge/Auflagen

Puzzlematten (siehe Kapitel 2.3.4)

Mögliche Alternativen bzw. Entsorgung: Filzmatten aus gefilzter Schafwolle

Turnmatten können Weichmacher enthalten.

Mögliche Alternativen bzw. Entsorgung: Matten aus Lamm-Flor, Kork, Segeltuchmatten, Ledermatten

Sitzmatten können Weichmacher enthalten.

Mögliche Alternativen bzw. Entsorgung: Mit Eltern Sitzmatten aus Wolle stricken und filzen (siehe Kapitel 7.5.3)

Abwaschbare **Matratzenbezüge**

Mögliche Alternativen bzw. Entsorgung: dicke Moltonauflagen aus Baumwolle

Hygiene

Müllbeutel aus Plastik

Mögliche Alternativen bzw. Entsorgung: Müllbehälter stattdessen mit alten Zeitungen auslegen

Wickelauflagen

Mögliche Alternativen bzw. Entsorgung: waschbare Auflagen aus Bio-Baumwolle mit natürlichem Füllmaterial; mit individualisiertem Tuch (Vorder- und Rückseite markieren) abdecken

Feuchttücher

Mögliche Alternativen bzw. Entsorgung: braucht man nicht; alternativ dicklagiges Toilettenpapier oder Waschlappen

Wattestäbchen

Mögliche Alternativen bzw. Entsorgung: keine oder notfalls biologisch abbaubare Wattestäbchen kaufen

Eine **Wegwerfwindel** mit 12 g Superabsorber enthält 5 g Erdöl und braucht circa 500 Jahre zum Verrotten.

Mögliche Alternativen bzw. Entsorgung:
Stoffwindeln benutzen

Infos z. B. unter www.hebammen-blog.de/windelfrei-trocken-ohne-windeln/

Einmalhandschuhe dienen vorrangig dem Schutz des Personals und sind kein Ersatz für die hygienische Händedesinfektion.

Mögliche Alternativen bzw. Entsorgung: puderfreie (Allergieprävention) Latexhandschuhe; bei gesetzl. Vorgaben eröffnet die Bezeichnung „grundsätzlich" Ermessensspielräume. Diese kann man nutzen!

Reinigung durch Raumpflegepersonal – welche Putzmittel werden verwendet?

Mögliche Alternativen bzw. Entsorgung: Der Träger erstellt einen Vorgabe-Katalog mit Standards zu ressourcenschonenden Putzmitteln.

Putz- und Spülmittel, Seife: 977 Tonnen Mikroplastik und 46.900 Tonnen gelöste Polymere gelangen jährlich in Deutschland aus Kosmetikprodukten sowie Wasch-, Putz- und Reinigungsmitteln ins Abwasser und letztendlich in den Nahrungskreislauf (vgl. Fraunhofer Umsicht 2018).

Mögliche Alternativen bzw. Entsorgung: abbaubare Produkte für nachfüllbare, plastikfreie Behältnisse kaufen; mechanisch wirkende Mittel wie Scheuerpulver bevorzugen; reine Kernseife verwenden; alternativ (lebenspraktischer Ansatz): Seife selbst herstellen – mit Eltern und/oder Kindern (siehe Kapitel 7.5.4)

Haushaltstücher/Waffeltücher aus Mikrofaser

Mögliche Alternativen bzw. Entsorgung: braucht man nicht; alternativ hochwertige Waffeltücher aus Baumwolle

Sonnencremetuben, -behälter fallen in Kitas in großen Mengen an, wenn jedes Kind seine eigene Schutzcreme mitbringt. Sonnencremes enthalten in der Regel Acrylate Crosspolymere (ACS), die als „flüssiges Plastik" beschrieben werden können. ACS sorgen als Filmbildner dafür, dass die Creme eine „schöne" Konsistenz hat. Diese Cremes mit chemischem Filter belasten die Umwelt, vor allem Gewässer.

Mögliche Alternativen bzw. Entsorgung: Nach Elternabsprache größere Menge im Glasbehälter kaufen – möglichst für alle Kinder; den Eltern Sonnencreme mit physikalischem (mineralischem) Filter ohne Nanopartikel empfehlen, denn die Creme schützt sofort nach dem Auftragen und ist auch für die Gesundheit deutlich unbedenklicher als eine Creme mit chemischem Filter.

Kunststoffbürsten benötigen circa 450 Jahre bis zur vollständigen Zersetzung. Deshalb auch geschenkte Plastikzahnbürsten ablehnen (z. B. beim „Zahnhygiene-Besuch").

Mögliche Alternativen bzw. Entsorgung: Holzzahnbürsten aus heimischem Holz (z. B. aus Buche) mit Natur-Borsten

Tischdecken/Servietten

Abwaschbare **Wachstuchtischdecken** enthalten häufig Weichmacher.

Mögliche Alternativen bzw. Entsorgung: beim Hersteller nachfragen; alternativ blanke Holztische, Baumwoll- oder Leinentischdecken

Vor allem rot-orange bedruckte **Papierservietten** enthalten teilweise krebserzeugende Substanzen in hoher Konzentration.

Mögliche Alternativen bzw. Entsorgung: Stoffservietten

Spielzeug/Spielmaterial

Spielzeug aus Weich-PVC wie Quietschenten, Puppen, aufblasbare Sitzkissen, Stapelbecher etc. enthalten Weichmacher und können gesundheitsschädlich wirken. Wenn Spielzeug aus Weich-PVC verschluckt wird, kann das Material „im Magen-Darm-Trakt des Menschen aushärten, dabei scharfe Kanten bilden und innere Verletzungen hervorrufen" (BfR 2005).

Mögliche Alternativen bzw. Entsorgung: Das Siegel „spiel gut" steht für PVC-freies Spielzeug; auf Spielzeug aus Weich-PVC bei unter Dreijährigen verzichten.

Bunter Lack von **Stiften** und **Klötzen** enthält oft schädliche Stoffe. Gleiches gilt für Buntstifte aus Holz, die von Kindern gerne in den Mund genommen werden.

Mögliche Alternativen bzw. Entsorgung: unlackierte Buntstifte oder gewachste Stifte/Bauklötze benutzen

Secondhand-Spielzeug (siehe Kapitel 2.3.6)

Mögliche Alternativen bzw. Entsorgung: falls möglich beim Hersteller nachfragen; sicherheitshalber nicht für unter Dreijährige

Arztkoffer und dessen Inhalt

Mögliche Alternativen bzw. Entsorgung: Ersetzen von Plastikkoffer durch alten Lederkoffer, Handtasche oder Pappkarton mit rotem Kreuz; echtes Stethoskop aus Metall (Apotheke)

Wasserspielzeug, wie z. B. Wasserbälle, aufblasbare Planschbecken, Wasserrutschen und Gummitiere, ist sehr oft mit Weichmachern belastet.

Mögliche Alternativen bzw. Entsorgung:
Zinkwannen oder ausrangierte Email-Badewannen; als Spielzeug eignen sich Suppenkellen und -schüsseln aus Edelstahl und kleine Metallgießkannen; Kinder spielen auch gerne mit Metall-Saucieren (Gaststättenbedarf).

Wasserspiele

Plastik-Bälle-Bad

Mögliche Alternativen bzw. Entsorgung: braucht man nicht.

Konservendosen

In der Beschichtung im Innern von **Konservendosen** ist i. d. R. Bisphenol A enthalten (siehe Kapitel 2.3.2).

Mögliche Alternativen bzw. Entsorgung: kein Essen aus Dosen, Caterer wegen Nutzung von Nahrungsmitteln aus Konservendosen fragen; Glasbehälter nutzen oder besser Verarbeitung frischer Lebensmittel; für die Lebensmittelzubereitung und -lieferung Standards entwickeln (siehe Kapitel 4.3)

Kleidung

Bedruckte Kleidung, Applikationen enthalten häufig PVC-Weichmacher.

Mögliche Alternativen bzw. Entsorgung: (Bio-)Baumwollkleidung ohne Aufdrucke, Applikationen u. ä.

Matschhosen und -handschuhe/Regenjacken

Mögliche Alternativen bzw. Entsorgung: Latzhosen aus sehr dicht verwebtem Baumwollstoff; Jacken mit Wachsbeschichtung; auf Öko-Tex-Label 100 „Textiles Vertrauen" achten; Wollhandschuhe

Fleecejacken und -pullover sind Mikrofasern-Schleudern. Je Waschgang landen bis zu 2 g im Abwasser, die von Klärwerken nicht herausgefiltert werden können und die Gewässer belasten (siehe Kapitel 2.2).

Mögliche Alternativen bzw. Entsorgung: sofort entsorgen und Jacken aus Woll- oder Baumwoll-Fleece kaufen

Schuhe

Flip-Flops enthalten oft krebserregende Stoffe (vgl. Wintermantel 2019).

Mögliche Alternativen bzw. Entsorgung: beim Hersteller nachfragen; alternativ plastikfreie Schuhe aus Stoff und/oder Leder

Gymnastikschuhe können Weichmacher enthalten.

Mögliche Alternativen bzw. Entsorgung: Turnschläppchen nie ohne Söckchen tragen; Schläppchen aus Leder oder Stoff

Schwimmschuhe/Badeschuhe/Strandschuhe

Mögliche Alternativen bzw. Entsorgung: darauf verzichten oder Kindern alte Socken anziehen; darauf achten, dass sie PVC-frei sind

Öko-Test (2018a) hat **Gummistiefel** für Kinder untersucht, bei denen 12 von 16 Modellen wegen hoher Schadstoffbelastung durchgefallen sind.
Phthalate (siehe Kapitel 2.3.1) und PAK (siehe Kapitel 2.3.5) steckten in so gut wie allen Produkten – ob aus Naturkautschuk, aus Synthesekautschuk oder aus PVC.

Mögliche Alternativen bzw. Entsorgung: gut eingefettete Lederstiefel; kein „Pfützenspringen" in der kalten Jahreszeit; Schutz vor Übertragung der Giftstoffe von Gummistiefeln auf die Haut durch das Tragen von dichten Kniestrümpfen oder Strumpfhosen

Gartenzubehör

Gartenschläuche enthalten laut Öko-Test fast alle Weichmacher. Gummischläuche sind keine Alternative, da sie PAK enthalten. Kinder sollten kein Wasser aus Schläuchen trinken! Beim Gießen: zuerst Rasen und Blumen, erst dann Gemüse etc. gießen.

Mögliche Alternativen bzw. Entsorgung: Trinkwasserschlauch ohne PVC kaufen; Bewässern mit Gießkannen aus Metall

Sonnenschutzsegel

Sonnensegel werden heute meist aus beschichtetem Polyester, Acryl oder PVC, ETFE, PTFE hergestellt.

Mögliche Alternativen bzw. Entsorgung: Sonnenschutzsegel aus Segeltuch

Sportgeräte

Große Kunststoff-Bausteine

Mögliche Alternativen bzw. Entsorgung: darauf verzichten oder Holzscheiben/-klötze

Gymnastikbälle

Mögliche Alternativen bzw. Entsorgung: PVC-freie Produkte wählen, z. B. Bälle aus Leder, Naturlatex

Mögliche Alternativen bzw. Entsorgung: Pappordner; plastikfreies Krepp-Klebeband; Ablagesysteme aus Holz etc.

Kugelschreiber

Mögliche Alternativen bzw. Entsorgung: keine neuen Kugelschreiber kaufen; Metall-Füller mit Kolben zum Nachfüllen von Tinte; Tintenfass aus Glas

Aufbewahrungsboxen

Mögliche Alternativen bzw. Entsorgung: Boxen aus Holz, Metall, Korbgeflecht, Pappe; Beutel aus Naturfasern

Portfolio-Ordner

Pappordner; für die Blätter Ringverstärker aus Papier; Zwischenblätter aus Pergament einlegen

Transport

Kindersitze enthalten häufig Polypropylen, das die Umwelt belastet und nicht abbaubar ist. Zwar ist der Kunststoff recycelbar (Kennzahl 5), der Anteil des recycelten Kunststoffs ist jedoch gering.

Mögliche Alternativen bzw. Entsorgung: beim Hersteller nachfragen

Kindergartentasche

Rucksäcke und Kindergartentaschen und/oder auf ihnen angebrachte Applikationen bestehen häufig aus PVC.

Mögliche Alternativen bzw. Entsorgung: Rucksäcke und Taschen aus dicht gewebtem Leinenstoff oder aus Leder

Vesperdosen

Mögliche Alternativen bzw. Entsorgung: Brottüten aus Papier; Lunchbeutel aus Stoff/Wachstuch

Möbel

Aufblasbare **Plastikmöbel** und **Bezüge aus Kunstleder** enthalten häufig Weichmacher.

Mögliche Alternativen bzw. Entsorgung: natürlich behandelte Vollholzmöbel

Kunststoffmöbel

Mögliche Alternativen bzw. Entsorgung: nach und nach umstellen und z. B. gebrauchte Holzmöbel kaufen

Bodenbeläge (siehe Kapitel 2.3.7)

Mögliche Alternativen bzw. Entsorgung: natürlich behandelter Holzboden oder Linoleumboden

Tapeten In Vlies- und Vinyltapeten steckt aufgeschäumtes PVC.

Mögliche Alternativen bzw. Entsorgung: Papiertapeten; Wandfarben (mit dem „Blauen Engel")

Duschvorhang Duschvorhänge sind häufig aus PVC.

Mögliche Alternativen bzw. Entsorgung: Duschvorhang aus hochwertigem Textilgewebe (lassen sich bis 60 °C waschen)

Büro, Verwaltung, Aufbewahrung

Klarsichthüllen, Tesafilm, Plastikordner

3.3 Erhebungsbogen Plastik

Um einen Überblick über die in der Kita vorhandenen Gegenstände und Materialien aus Plastik zu bekommen, eignen sich Erhebungsbögen, die Sie einrichtungsbezogen ergänzen/verändern können. Sie bieten eine gute Diskussions- und Arbeitsgrundlage, weil zeitgleich oder auch zeitversetzt Alternativen vermerkt werden können. Im Einzelfall bieten sich auch weitere Untergliederungen an.
Aber schießen Sie nicht über das Ziel hinaus! Folgende Gegenstände/Materialien aus Plastik lassen sich nicht oder nur mit großem Aufwand durch plastikfreie Alternativen ersetzen und sollten deshalb von der Erhebung ausgenommen werden: Kabel, Stecker, Steckdosen, Feuerlöscher, Verbandsmaterial, Rauchmelder, Kamera, Drucker, Laptop, Heizkörper, Boiler und Mülltonnen. Bitte ergänzen Sie die Auflistung gegebenenfalls.

Erhebungsbogen „Plastik und Alternativen“

Außengelände	Gegenstände/ Materialien aus Plastik/mit Plastikanteilen	Menge/ Anzahl	Alter/ Zustand	Ersatzloser Verzicht möglich, weil …	Plastikfreier Ersatz nicht möglich, weil …
Standortgebundene Spielplatzgeräte					
Variable Spielgeräte					
Sonnenschutz					
Sandkasten und Sandspielzeug					
Fortbewegungsmittel					
Garten/Gartenzubehör/ Hochbeete					

Plastik im Innenbereich I: Funktionsbereiche	Gegenstände/ Materialien aus Plastik/mit Plastikanteilen	Menge/Anzahl	Alter/Zustand	Ersatzloser Verzicht möglich, weil …	Plastikfreier Ersatz nicht möglich, weil …
Bau- und Konstruktionsbereich					
Rollenspielbereich					
Kreativbereich					
Werkstattbereich					
Bewegungsbaustelle					
Musikbereich					

Plastik im Innenbereich II: sonstige Bereiche	Gegenstände/ Materialien aus Plastik/mit Plastikanteilen	Menge/Anzahl	Alter/Zustand	Ersatzloser Verzicht möglich, weil …	Plastikfreier Ersatz nicht möglich, weil …
Sanitärbereich					
Flur					
Garderobe					
Elternbereich					
Wickelbereich					
Krippenbereich					
Küche/Nahrungszubereitung					
Büro					
Keller und andere Lagerräume					

Plastik im Innenbereich III: Bausubstanz und Einrichtung/ Ausstattung	Gegenstände/ Materialien aus Plastik/mit Plastikanteilen	Menge/ Anzahl	Alter/Zustand	Ersatzloser Verzicht möglich, weil …	Plastikfreier Ersatz nicht möglich, weil …
Teppiche und andere Bodenbeläge					
Vorhangstoffe/ Jalousien					
Dämmmaterial					
Lärmschutzflächen					
Fensterrahmen					

Bockwurst

4. Mit dem Träger die Rahmenbedingungen setzen

4.1 Ohne Träger geht es nicht

Der Impuls zu einer plastikfreien Kita kann vom Träger, dem Team oder gar von den Eltern ausgehen. Immer aber gilt: Der Träger hat die Gesamtverantwortung für eine Kindertageseinrichtung. Er ist deshalb Dreh- und Angelpunkt, wenn es um die Realisierung eines so großen und meist relativ langfristig angelegten Projekts geht. Ohne seine Zustimmung und Bereitschaft zur Unterstützung geht es nicht!
So muss er einige notwenige Rahmenbedingungen setzen, um einen erfolgreichen Umstellungsprozess zu gewährleisten. Welche das sind, erfahren Sie im folgenden Kapitel.

4.2 Umstellungsprozess vorbereiten und begleiten

Folgende Bereiche entscheiden über Erfolg und Misserfolg des Projekts „plastikfrei".

Mittelbereitstellung durch Budgetierung

Das Budget bildet die Gesamtheit der finanziellen Mittel, die für einen bestimmten Zeitraum zur Verfügung gestellt werden. „Budgetierung versucht Haushaltsansätze ‚von oben' mit den fachlichen Kompetenzen und Leistungsinformationen ‚von unten' zu verbinden, d. h. dass Befugnisse und Verantwortung für die Verwendung der Mittel stärker an die betreffende Einrichtung verlagert werden" (Kronberger Kreis für Qualitätsentwicklung in Kindertageseinrichtungen 2001). Aus diesem Grund sollte der Träger hier eng mit der Kita-Leitung bzw. den Verantwortlichen im Team zusammenarbeiten.

Viele Dinge, die im Umstellungsprozess in der Kita durch plastikfreie Materialien und Gegenstände ersetzt werden sollen, gibt es günstiger und gegebenenfalls nur auf Flohmärkten oder in Secondhand-Läden zu kaufen. Deshalb sollte der Träger für einen Zeitraum von mindestens zwei Jahren eine bedarfsgerechte Geldsumme zur Verfügung stellen.

Prozessbegleitung durch Controlling

„Controlling ist ein strategisches Instrument zur Planung, Koordination, Unterstützung und Überprüfung von Prozessen und Ergebnissen" und nimmt immer wieder einen Ist-Soll-Vergleich vor (Kronberger Kreis für Qualitätsentwicklung in Kindertageseinrichtungen 2001). Dabei kann es die Beteiligten in die richtige Richtung führen und Prozesse hinsichtlich „Zielfindung, Planung und Durchführung mit Informationen, Analysen, Vorschlägen und Alternativen" unterstützen (ebd.).
Die wichtige Aufgabe des Controllings, das die Fortschritte des Projekts überprüft und mit der ursprünglichen Vision abgleicht, kann der Träger selbst übernehmen. Gegebenenfalls bietet sich jedoch auch die Hinzuziehung eines externen Experten oder einer Expertin aus dem Bereich der Qualitätsentwicklung und -sicherung an.

Zeitbudget zur Prozessplanung und -umsetzung

Der Träger setzt nicht nur ein finanzielles Budget, sondern auch ein Zeitbudget für das Projekt fest. Für Diskussion und Planung braucht das Team Zeit, sodass sich zum Projekteinstieg zwei zusammenhängende Planungstage anbieten. In dieser Einstiegsphase sollte vordringlich die Vision diskutiert, entwickelt und verschriftlicht werden. Ebenso bietet sich eine Hospitation in einer plastikfrei arbeitenden Konsultations-Kita an.

Fortbildungen zum Thema „plastikfrei"

Wer sich auf den Weg hin zu einer plastikfreien Kita macht, braucht nicht nur theoretisches Grundlagenwissen über Plastik. Auch ein Methoden-Koffer an praktischen Umsetzungsmöglichkeiten und Ideen für Alternativen zu Plastik sind gefragt. Dazu sollte Teammitgliedern bei Bedarf – mit Unterstützung durch den Träger – Gelegenheit zur Teilnahme an qualifizierenden Fortbildungen gegeben werden.

Dokumentation

Der Träger kann durch entsprechend strukturierte Vorgaben eine Dokumentation des Prozessverlaufs vorbereiten und einfordern. Dies gelingt besonders durch einen engen Austausch mit dem pädagogischen Fachpersonal und allen anderen Beteiligten und Verantwortlichen. Wegweisende Schlüsselszenen, Aktionen und Fortschritte können dabei mit Bildern und/oder Videoaufnahmen festgehalten werden.

Öffentlichkeitsarbeit und Vernetzung im Sozialraum

Eine fortlaufende Dokumentation bildet eine wertvolle Grundlage für eine fundierte, stets aktuelle Öffentlichkeitsarbeit. Dazu können unterschiedliche Medien in verschiedener Art und Weise genutzt werden. Die Verantwortlichkeiten sollten gleich zu Beginn des Plastikfrei-Projektes geklärt und bei Bedarf entsprechend geschult werden.

Durch die Öffentlichkeitsarbeit wird es erfahrungsgemäß auch Rückmeldungen aus dem Sozialraum geben. Das können Sie nutzen! Heißen Sie alle willkommen, die bereit sind, das zukunftsweisende Projekt finanziell, mit Wissen oder tatkräftiger Unterstützung voranzubringen. Durch die Unterstützung der Menschen vor Ort und Vernetzungen mit entsprechenden Organisationen, Unternehmen und Vereinen entstehen wertvolle Synergieeffekte und die Bewegung „plastikfrei" lässt sich viel leichter vorantreiben.

Anpassung von Konzeption und Leitbild

Die Öffentlichkeit, aber vor allem (neue) Eltern haben einen Anspruch darauf, zu erfahren, was sie erwartet, wenn sie ihre Kinder in einer plastikfreien Kita anmelden bzw. belassen. Dazu muss das Ziel der Kita, plastikfrei werden oder bleiben zu wollen, kommuniziert werden. Neben Informationsveranstaltungen und offenen Workshops mit den Eltern sollte deshalb die neue Ausrichtung im Leitbild und der Konzeption verschriftlicht werden. Dazu gehören auch Standards für Aufnahmegespräche und beispielsweise das Veto-Recht gegen neue Anschaffungen aus Plastik.

Formulierung von Qualitätsstandards

Nach und nach sollten im Verlauf des Umstellungsprozesses für Bereiche, die Team und Träger als wichtig und alltagsrelevant identifizieren, spezifische Qualitätsstandards entwickelt werden. Das schafft Verbindlichkeit und Transparenz nach innen und außen. Wie diese Standards aussehen können, zeigt das nächste Kapitel.

4.3 „Plastikfrei"-Qualitätsstandards

Im Folgenden soll anhand eines Beispiels aufgezeigt werden, dass passgenaue Standards den Umstellungsprozess sinnvoll unterstützen. Standards wirken als Orientierungshilfe für Eltern, Kinder, Fachpersonal und die Öffentlichkeit (soweit gewünscht und passend). Indem Standards verschriftlicht und konzeptionell verankert werden, helfen sie der Kita nicht nur, den Alltag an den eigenen konkreten Zielen auszurichten, sondern unterstützen alle Beteiligten, die vereinbarten Qualitätspunkte auch gegenseitig einzufordern.
Der hier vorgestellte Qualitätsbereich erhebt keinen Anspruch auf Vollständigkeit, sondern darf und sollte durch weitere Kriterien ergänzt bzw. angepasst werden. Das Beispiel macht jedoch deutlich, dass ein konsequenter Weg hin zu einer plastikfreien Kita mit bewusster Auswahl und gegebenenfalls auch Neuanschaffungen verbunden ist (hier z. B. mit der Anschaffung von Einkaufskörbchen).

Qualitätsbereich „Kochtag"

Kriterium 1 (Unterscheidungsmerkmal)	**Indikatoren** (Erkennung)	**Operatoren** (Handlungspflichten, -optionen)
Verpackung und verwendete Lebensmittel	• Zeitrahmen/Organisation • Einkauf/Bezugsquellen • Verpackung • Herkunft/Ökobilanz	vorbereiten, einkaufen, auswählen, informieren, abwägen/vergleichen, verpacken

Standard Zeitrahmen/Organisation

- Einmal wöchentlich findet am Donnerstag in allen Gruppen von 11.00 bis 11.30 Uhr ein gemeinsames Mittagessen statt. Die Eltern werden vorher per Handzettel daran erinnert.

Standard Einkauf/Bezugsquellen

- Der Einkauf der Lebensmittel erfolgt am Tag vorher (am Mittwoch) witterungsunabhängig auf dem Wochenmarkt in Bio-Qualität.

Standard Verpackung

- Es werden unverpackte bzw. Lebensmittel in einer plastikfreien Verpackung gekauft. Jedes Kind der Einkaufsgruppe nimmt ein Einkaufskörbchen und eine verschließbare Metalldose mit auf den Wochenmarkt. Die Kita stellt diese zur Verfügung.

Standard Herkunft/Ökobilanz

- Beim Kauf werden saisonale Lebensmittel von regional produzierenden Betrieben gekauft. Ziel ist es, in der Zukunft eine Teil-Versorgung aus eigenem Garten oder durch Pachtland zu ermöglichen (lebenspraktischer Ansatz).

Qualitätsbereich „Gemeinsames Mittagessen"

Kriterium 1 (Unterscheidungsmerkmal)	**Indikatoren** (Erkennung)	**Operatoren** (Handlungspflichten, -optionen)
Tischeindeckung	• Tischdecke • Geschirr/Besteck • Tisch decken • Servietten • Tischschmuck	Tisch decken, aufbauen, pflegen, sammeln, falten, arrangieren

Standard Tischdecke

- Die Tischdecke ist aus Baumwolle oder einem anderen Naturmaterial oder alle sitzen am blanken Holztisch.

Standard Geschirr/Besteck

- Es wird kein Plastikgeschirr oder -besteck eingedeckt.

Standard Tisch decken

- Die Kinder decken den Tisch ein. Die Anordnung des Bestecks und der Gläser zum Teller entnehmen sie einer Bildvorlage.

Standard Servietten

- Jedes Kind benutzt seine eigene, individuell bedruckte Stoffserviette. Diese werden in einem speziellen Serviettenkörbchen aufbewahrt und unmittelbar vor dem Essen von den Kindern dem Körbchen entnommen.

Standard Tischschmuck

- Jeder Tisch erhält einen Tischschmuck. Dieser besteht ausschließlich aus Naturmaterial und wird von zwei Kindern in wöchentlichem Wechsel hergestellt. Die dazu erforderlichen Materialien stellt das „Tischschmuckteam" zusammen.

5. Das Team auf neuen Wegen

5.1 Aus dem Wissen erwächst ein Wille

„Es gibt nur einen Weg, um Kritik zu vermeiden: nichts tun, nichts sagen, nichts sein."
Elbert Hubbard

Wer Dinge nicht nur infrage stellt, sondern in der Kita Plastik konsequent vermeiden will, der braucht zuallererst grundlegende Informationen rund um das Thema. Deshalb ist es sinnvoll, dass – bestenfalls schriftlich und vorab – alle Teammitglieder die erforderlichen Informationen erhalten (siehe Kapitel 1 bis 3). Es gibt auch aussagekräftige Filme und Filmausschnitte zum Thema, die die schriftlichen Informationen ergänzen können.
Am Anfang steht die aus den Informationen gewonnene Erkenntnis, dass das Team in der Kita nicht guten Gewissens in einem Umfeld aus umwelt- und gesundheitsschädlichem Plastik weiterarbeiten kann und will. Im zweiten Schritt erfolgt der Entschluss zu einer tätigen Verantwortungsethik (siehe Kapitel 1.2), die die verheerenden und sehr langfristigen Folgen von Plastikkonsum in jeder Entscheidung mitdenkt.

5.2 Selbstreflexion: mein Leben mit Plastik

Eine angeleitete Selbstreflexion hilft beim Hinterfragen des persönlichen Konsumverhaltens. Die einzelnen Teammitglieder können so anhand des Themas „Mein Leben mit Plastik" dazu angeregt werden, über ihre ganz persönlichen Konsum- und Alltagsgewohnheiten sowie ihre Präferenzen in Bezug auf Plastik nachzudenken.

Ein Reflexionsbogen könnte zum Beispiel folgende Fragen enthalten:

- Auf welche Gegenstände aus Plastik möchte ich auf keinen Fall verzichten?
- Auf welche Gegenstände aus Plastik kann ich mangels Alternativen nicht verzichten?

- Wo sehe ich für mich persönlich Handlungsbedarf?
- Womit kann ich in meinem Lebensumfeld beginnen (6 Beispiele)?

Der Bogen kann vor oder bei einer Teamsitzung zum Einsatz kommen. Vor dem Ausfüllen des Reflexionsbogens sollte das Team jedoch darüber informiert werden, ob geplant ist, die persönlichen Aufzeichnungen zur Selbstreflexion gemeinsam zu besprechen. Das ist nicht unbedingt notwendig. Die Selbstreflexion der einzelnen Teammitglieder wird ganz nebenbei die spätere Diskussion über eine plastikfreie Kita befruchten.

5.3 Die Macht der Vision

Wenn Sie dieses Buch gekauft haben, sind Sie bereits am Thema Plastikfreiheit interessiert. Sie wollen etwas verändern, sich auf den Weg machen. Allein gelingt ein großer Wandel aber kaum. Um im Alltag der Kita nachhaltig etwas zu verändern, müssen Sie andere für Ihre Idee von einer plastikfreien Kita gewinnen. Doch wie steckt man andere mit der eigenen Vision an?

5.3.1 Wie weckt man Sehnsucht?

Wie gewinnt man das Team und den Träger für eine Idee? Wie gelingt es, den Funken der Begeisterung überspringen zu lassen und dadurch den Boden dafür zu bereiten, dass eine Vision auch Wirklichkeit werden kann?
Eine Vision lebt von Bildern, die einen Sehnsuchtsort vor dem inneren Auge der Zuhörenden entstehen lassen. Im Fall der plastikfreien Kita ist dies ein Sehnsuchtsort, an dem unsere Kinder im Einklang mit ihrer Umwelt glücklich leben. Dort – in diesem plastikfreien Lebensumfeld – geht es ihnen und ihrer Mitwelt gut.
Füllen Sie diesen Sehnsuchtsort nun mit Leben! Die Beschreibung der Vision lässt Hörende und Lesende eintauchen in eine lebendige Umgebung, die alle Sinne und auch Emotionen anspricht. Eine bildstarke Beschreibung mit ausdrucksstarken Adjektiven lädt das Team, Träger oder Eltern dazu ein, ganz in die Vision einzutauchen und sich auf das Thema einzulassen.
Ob Sie Ihre Vision ganz eigenständig entwerfen oder ein Gedicht, Lied oder kurzen Text zur Hilfe nehmen, bleibt Ihnen überlassen. Achten Sie jedoch darauf, dass die von Ihnen ausgesuchten Worte authentisch sind und zu Ihnen passen. Jeder und jede muss hierfür einen ganz eigenen Weg finden!

Ich selbst etwa ging an einem Wintermorgen 2018 durch einen nahe gelegenen Wald spazieren. Mich dauerten die verkümmerten, vertrockneten Baumkeimlinge und ich meinte das Schluchzen der Mutterbäume zu hören. Zu Hause angekommen schrieb ich diese Zeilen:

Eins und Alles

Ich will und kann nicht mehr darauf verzichten mitzufühlen
mit dir, du dürstender Baum am Straßenrand,
mit dir, du Vogel auf der Suche nach einem Nistplatz,
mit dir, du gestutzter, verschnittener Strauch,
mit dir, du malträtiertes Schwein,
mit dir, du schutzloser Acker,
mit dir, du Schnecke auf der Suche nach einem feuchten Platz –
mit allem, was mich umgibt und trägt.

Ich lebe mit euch von der gleichen Erde.
Ich atme mit euch die gleiche Luft.
Ich fühle mit euch die gleichen Schmerzen.

Ich will meine Augen und Ohren öffnen.
Ich will mich nicht länger verschließen, mich nicht abwenden.
Ich will loslassen und empfangen.
Ich will mich einfügen in das fein gewebte, wunderbare Mosaik
des Lebens auf dieser unserer Erde.

(Ingrid Miklitz, 2018)

5.3.2 Wann wird eine Vision zum Impuls für Veränderungen?

Eine Vision geht über die bestehende Wirklichkeit hinaus. Sie darf deshalb auch die Grenze dessen überwinden, was zunächst als machbar erscheint. Statt Zweifel und Einschränkungen braucht sie am Anfang eine Gelingens-Geschichte (siehe Kapitel 7.4.1): Wie könnte es hier in unserer Kita ohne Plastik aussehen? Warum ist das wichtig?

Dadurch richtet die Vision einzelne Aktivitäten und Einzelziele auf ein gemeinsames, übergeordnetes Ziel aus. Am Anfang eines großen Wandels stehen Visionäre und Visionärinnen, die die Idee von einer plastikfreien Kita emphatisch wiedergeben. Rein argumentatives Redevermögen stößt dabei schnell an Grenzen. Emotionalität, d. h. auch persönliche Betroffenheit, sollte deshalb zugelassen und zum Ausdruck gebracht werden (nicht in Form von Kritik). Auch die soziale Seite der Vernunft hat eine enorme Kraft. Die Diskussion der Vision lebt davon, zu einer von möglichst vielen Beteiligten geteilten Einsicht zu gelangen. Gute Gründe, die der Vision zugrunde liegen, können nicht einseitig von einer Seite festgelegt werden. Stattdessen sollten sich Visionäre und Visionärinnen fragen: Welche Gründe können möglichst viele oder gar alle überzeugen?

Im daran anschließenden Aushandlungs- und Umsetzungsprozess sollten die konkreten Schritte undogmatisch, authentisch und sachlich begründet vermittelt werden. Die Verwirklichung der Vision schließlich lebt von realistischen und überprüfbaren Teilzielen. Ziel ist dabei die Information, Motivation und längerfristige Einbeziehung aller am Umstellungsprozess Beteiligten. Gelingt dies, trägt das Zusammenwirken von Vision und kleinen, konkreten Umsetzungsschritten durch „Täler der Trockenheit" hinweg. Widerstände, Rückschläge und Schwierigkeiten, die diesen Prozess unvermeidlich und natürlicherweise begleiten, können gemeinsam überwunden werden.

5.4 Im Entscheidungsprozess

Nachdem die Vision vom Team und Träger diskutiert wurde, steht die Entscheidung an, ob sie das Projekt „plastikfrei" in ihrer Einrichtung auf den Weg bringen wollen. Zur Entscheidungsfindung sind u. a. folgende Fragen von Bedeutung:

- Haben wir die notwendigen personellen Ressourcen dazu?
- Wer kann uns ideell, materiell, praktisch unterstützen?
- Mit welchen Widerständen müssen wir rechnen?

- Stellt der Träger die notwendigen zeitlichen und materiellen Ressourcen zur Verfügung?
- Stehen wir als Team geschlossen hinter der Vision/Idee?
- Sind wir bereit und in der Lage, unser Projekt glaubwürdig vor Kindern, Eltern und in der Öffentlichkeit vertreten?

5.5 Planungstage zur Projektstrukturierung

Zur Projektstrukturierung sind zwei aufeinanderfolgende Planungstage sinnvoll. Dabei sollten unter anderem diese Punkte besprochen und in einen Projekt-Ablaufplan integriert werden:

Voraussetzungen und Weiterbildung

- Besteht zusätzlicher Informationsbedarf zum Thema Plastik? Wenn ja, dann bietet sich eine Team-Fortbildung im Haus an, da die Arten von Plastik im Gebäude und im Außenbereich gleich in den Blick genommen und thematisiert werden können.
- Wer legt in welcher Form einen Informations- und Materialpool zum Thema Plastik und Plastikvermeidung an? Wer hat Zugang dazu?
- Welche Hospitationen sind wann und wo sinnvoll und möglich?
- Mit welchen Institutionen bietet sich ein fachlicher Austausch an?
- Gibt es Ausschreibungen und Zuschüsse für das Projekt?

Aufgaben im Team

- Welche Qualifikation, Stärken, Erfahrungen gibt es beim Träger bzw. im Team zum Thema Plastik und Alternativen zu Plastik?
- Welche Qualifikation, Stärken, Erfahrungen für einen gelungenen Projektverlauf bringt jeder und jede Einzelne mit (Organisationstalent, Öffentlichkeitsarbeit, Elternarbeit, Kreativität etc.)?
- Was braucht jedes Teammitglied, um die jeweilige Aufgabe erfüllen zu können (Informationen, Material, Voraussetzungen etc.)?
- Wer ist im Projektverlauf für welche Bereiche bzw. Aufgaben verantwortlich und mit welcher Kompetenz?

(Zeitlicher) Ablauf

- Wo, für wen, ab wann und in welcher Form wird der Projektverlauf visualisiert?
- Wann werden in welcher Form die Eltern informiert? Gibt es einen gemeinsamen, gruppenübergreifenden Elternabend zur Projekteinführung?
- Wann und in welcher Form werden die Kinder informiert?
- Wann erfolgt die Überarbeitung von Leitbild und Konzeption?
- Wie können Freiräume für Diskussion und Austausch im Team, mit dem Träger, mit den Eltern geschaffen werden?

Hilfreich ist außerdem, vorab eine gemeinsame Bestandsaufnahme von Plastikprodukten in der Kita zu machen (vgl. Vorlage „Erhebungsbogen Plastik" in Kapitel 3.3) und sich mit möglichen Alternativen auseinanderzusetzen. Vergessen Sie in Ihrem Tatendrang jedoch nicht, besonders die Kinder mit in das Projekt einzubeziehen und sie aktiv über ihren neuen Alltag mitentscheiden zu lassen.

6. Mit Kindern eine plastikfreie Kita leben

6.1 Kind- und mitweltbewusst handeln

„Kinder brauchen Erwachsene, die ihrer Hoffnung Flügel geben."
Ingrid Miklitz

Teller mit Brotkrümeln

Die britische Zeitung „Observer" titelte schon vor einigen Jahren: „Sorry kids, we ate it all" – „Entschuldigung Kinder, wir haben alles aufgegessen" (vgl. Grimm 2019). Ist das unsere Antwort auf die Fragen von Kindern, die uns mit großen, neugierigen Augen ansehen und das verheißungsvolle Morgen und ihr Großwerden kaum erwarten können? Kinder sind unschuldig an dem aktuellen Zustand unserer Erde. Wir selbst hingegen können uns in Zeiten des Klimawandels und Artensterbens nicht mehr als Opfer von mystischen Naturgewalten gebärden. Wir selbst bedrohen durch unsere Handlungen unseren blauen Planeten – und damit auch die Zukunft der uns anvertrauten nächsten Generation. „Eine Geschichte darüber, wie die Alten der Jugend die Zukunft versauen. Die Staatshaushalte überschuldet, die Umwelt zerstört, die Infrastruktur verschlissen, die Schulen vergammelt, die Arten ausgerottet" (ebd.). Sollten uns vor diesem Hintergrund wirklich noch Statussymbole wie monströse Geländewagen oder das neuste iPhone interessieren? Statt selbst Vorbild zu sein, zeigen uns heute Kinder, was wirklich von Bedeutung ist. Greta Thunberg, als Symbol der jungen Generation, lächelt nicht, wie wir es von Kindern gewohnt sind. Sie fordert mit tiefernstem Gesichtsausdruck, dass wir unseren Worten endlich die längst überfälligen Taten folgen lassen. Dass wir in Panik geraten.

Damit schafft sie sowohl einen positiven Gegenpol zu den ewig Leugnenden als auch zu den Antinatalisten, die das Ende der Fortpflanzung des Menschen fordern. Entsprechend dem Refrain eines Ärztesongs „Los, komm, wir sterben endlich aus!" haben sie keine Hoffnung mehr.

Um unsere Welt positiv zu gestalten, kommt jeder einzelnen Person die Aufgabe zu, an ihrem Platz und im Rahmen ihrer Möglichkeiten aktiv zu werden. Wir müssen stets die Auswirkungen auf das Leben der nachfolgenden Generationen im Blick haben und unser Handeln konsequent danach ausrichten: Wir müssen endlich kind- und mitweltbewusst denken und handeln.

6.2 Umweltschutz macht Spaß

Um schon den Jüngsten die Nachteile von Plastik deutlich zu machen, müssen pädagogische Fachkräfte die Auswirkungen des Plastikkonsums für Kinder praktisch erfahrbar machen. Alles geschieht nach dem Prinzip der Anschaulichkeit. Erklärungen brauchen immer den Rückgriff auf wenig komplexe Beispiele aus dem alltäglichen Erlebensbereich der Altersstufe. Statt mit erhobenem Zeigefinger zu belehren oder sie mit düsteren Zukunftsvisionen zu belasten, sollten Kinder außerdem die ganz direkte und wertvolle Erfahrung sammeln: Durch mein Tun kann ich etwas Gutes für mein Lebensumfeld tun. So macht Umweltschutz Spaß!

Tipps für eine kindgerechte Vermittlung

- Kinder profitieren weniger von abstrakter Wissensvermittlung als von Anschauungen aus ihrem konkreten Nahbereich. Das heißt, dass pädagogische Fachkräfte beispielsweise beim Thema „Plastik im Meer" den See oder das Flussufer in der Nähe ihrer Kita gemeinsam mit den Kindern in den Blick nehmen sollten und dort nach Plastik suchen oder Plastikmüll einsammeln können.
- Die Kinder werden nicht explizit aufgefordert, zu Hause nach Plastik „zu fahnden". Erfahrungsgemäß trägt ein Kind den Impuls „Es geht auch ohne Plastik – und das ist gut für Menschen, Tiere und Pflanzen" in sein Elternhaus.
- Kinder entwickeln im Umstellungsprozess teilweise außergewöhnliche Handlungsstrategien. Diesen ist nach Möglichkeit Raum zu geben, auch wenn das Ziel des Projektes über „Umwege" oder später erreicht wird.

- Weniger ist mehr! Pädagogische Fachkräfte sollten einzelne, kleine Beispiele wählen, statt zu versuchen, direkt komplexe Zusammenhänge zu vermitteln. Beispielsweise empfiehlt es sich, zunächst bei einer Tierart zu bleiben (z. B. Vögel und Gefahren durch Plastikmüll) und den Kindern davon ausgehend die konkreten Auswirkungen auf Teile des Ökosystems nahezubringen (z. B. wenn es immer weniger Vögel gibt, nimmt die Samenverbreitung ab).

6.3 Bildungsangebote für Kinder zum Thema Plastik

Die Möglichkeiten, sich in der Kita gemeinsam dem Thema Plastik zu nähern, sind vielfältig. Die folgenden Kapitel führen vier Beispiele aus, wie den Kindern die Bedeutung von Plastik für Mensch, Flora und Fauna in der Kita deutlich gemacht werden kann. Die Projekte nehmen dabei immer Bezug zum Alltag der Kinder und lassen sie aktiv die Auswirkungen unseres Plastikkonsums erleben.

6.3.1 Plastik im Vogelnest

Hintergrundinformationen für pädagogische Fachkräfte

Vögel nehmen eine wichtige Funktion im Ökosystem ein, also im „Beziehungsgefüge von Lebewesen (Mikroorganismen, Pflanzen, Pilze, Tiere, Menschen) untereinander (Biozönose) und mit einem Lebensraum (Biotop) bestimmter Größenordnung (z. B. See, Wald, Korallenriff)" (Spektrum 1999).
So sind für viele Pflanzen in Europa Vögel für die Samenverbreitung unverzichtbar. Ein Vogel frisst die Frucht und scheidet die Samen an einer anderen Stelle wieder aus. Dadurch sorgt zum Beispiel der Eichelhäher, der gerne Eicheln frisst, für eine Verbreitung der Eicheln und damit für das Wachsen eines neuen Eichenbäumchens. Man nennt ihn deshalb auch den Saatmeister des Waldes.

Plastik im Vogelnest

Doch immer mehr Vögel verarbeiten kleine und größere Plastikteile (häufig Plastikschnurreste), die sie in der Natur finden, zu ihrem Nest. Sie verflechten Plastikteile kunstvoll zwischen Naturmaterialien. Wenn es in das Nest regnet, verhindern, verlangsamen oder reduzieren die eingewebten Plastikteile den Wasserabfluss bei Regen. Da sich dadurch das Wasser in den Nestern staut, können die Küken in ihrem Nest erfrieren oder ertrinken. Auch Eier können in einem Nestgrund mit Wasser auskühlen, sodass keine Vogelküken mehr in den ausgekühlten Eiern heranwachsen.

Eine „Misslingens-Geschichte"

Mao Tse-tung ordnete 1956 an, alle Spatzen in China auszurotten – zum Wohle der Landwirtschaft. Da Spatzen unter anderem Getreidekörner fressen, wollte Mao die Ernte-Erträge durch das Töten von Spatzen steigern. Insgesamt ließ er 2 Milliarden Spatzen töten und historische Fotos zeigen stolze Bauern vor Bergen getöteter Vögel. Was aber passierte im darauffolgenden Jahr? Nach der fast vollständigen Ausrottung der Spatzen wurde das Land von einer gewaltigen Insektenplage heimgesucht. Das führte zu gewaltigen Ernteeinbußen, sodass 30 Millionen Menschen starben. Die Geschichte zeigt, wie gefährlich es ist, wenn der Mensch in ökologische Kreisläufe eingreift. Denn Spatzen picken nicht nur Getreidekörner. Während der Brutzeit fressen sie auch Massen an Insekten. Ihre Jungen füttern Spatzen zum Beispiel hauptsächlich mit Raupen.

Lernziel

Die Kinder wissen, dass Plastik im Nest das Leben von Jungvögeln gefährdet.

Material

- Foto eines Vogelnests mit eingearbeiteten Plastikteilchen
- Foto eines Vogelnests ohne Plastik
- 2 kleine Körbchen aus grob geflochtenem Naturmaterial als Nest-Grundform mit circa 20 cm Durchmesser; die Zwischenräume dürfen nicht zu klein sein
- Nestbaumaterialien: trockenes Laub, feine getrocknete Gräser, Flaumfedern, Haare, Moos ...
- 1 dünne Plastiktüte
- Schere
- 2 x 4 Esslöffel Wasser (etwa 2 x 60 ml); Wassermenge ggf. an die gewählte Nestgröße anpassen
- 2 Suppenteller

- Bienenknetwachs (in neutraler Farbe oder z. B. in Grün, der Farbe von Amseleiern)
- 2 kleine Gießkannen aus Metall
- evtl. Blumendraht zum Fixieren (keine Heißklebepistolen, da Plastik!)

Hinführungsphase

Die pädagogische Fachkraft zeigt das Bild von einem Vogelnest mit eingearbeiteten Plastikteilen (vgl. Foto S. 58 oder ein ähnliches Foto), während sie folgende Einführungsgeschichte erzählt:

Das Plastiknest

Jedes Jahr im Frühling sind Vogelweibchen und Vogelmännchen auf der Suche nach einem sicheren Platz, an dem sie ein Nest bauen können. Haben sie einen Platz gefunden, suchen sie überall nach Nistmaterial. Dabei kann es passieren, dass die Vögel nicht nur Moos und anderes Material aus der Natur sammeln, sondern auch Plastikabfälle ins Nest tragen. Die sehen ja oft so schön bunt aus und fühlen sich auch weich an! Eines Tages findet ein Vogelmann kleine Fetzen von einer zerrissenen, dünnen Plastiktüte am Straßenrand. Er denkt: ‚Oh, das fühlt sich aber gut an. Das nehme ich mit, um ein schönes Nest für unsere Vogelbabys zu bauen.' Die Vogelfrau findet die Idee auch gut. Und so verweben die zwei viele kleine Plastikfetzen in ihr Nest. Ein paar Tage später legt die Vogelmama drei Eier ins Nest und hält sie gut warm. Sie sitzt auf den Vogeleiern und brütet sie aus. Nach einiger Zeit schlüpfen aus den Eiern drei ganz kleine Vogelkinder. Vogelmama und Vogelpapa sind ganz glücklich! Bald darauf gibt es aber ein Gewitter und es regnet stark. ‚Komisch', denken die Vogeleltern, ‚das Wasser läuft gar nicht wie sonst durch den Nestgrund ab.' Die kleinen Vogeljungen sitzen in der Nässe und frieren. Es geht ihnen gar nicht gut.

Durchführungsphase

Die Kinder erfahren, dass heute zwei Vogelnester nachgebaut werden sollen. Wir alle gemeinsam schauen uns zwei Fotos an, auf denen Vogelnester mit und ohne Plastik abgebildet sind. Danach folgt das Basteln von zwei Nestern mit einem Nässe-Vergleichstest.

Wir stellen parallel zwei Vogelnester her: ein Nest mit und ein Nest ohne Plastik. Dazu werden zunächst für beide Nester die Halme der Gräser so eingekürzt, dass sie von den Kindern möglichst kreisförmig in die Nestgrundform gelegt und angedrückt werden können. Für eines der Nester zerreißen oder zerschneiden die Kinder die Plastiktüte in viele kleine und größere Fetzen. Wir brauchen ungefähr 15 Plastikfetzen (je nach Nestgröße auch mehr). Diese werden nun in die Zwischenräume des Körbchens geschoben (vor allem am Nestboden) und im Nestgrund zwischen die eingelegten Gräser verteilt. Dann kommt noch sehr weiches Polstermaterial darüber (Flaumfedern, Haare). Da das Material (vor allem Moos) Flüssigkeit aufsaugt und so die reduzierte Drainagefähigkeit beim „Plastikfetzen-Nest" verfälschen kann, sollte ungefähr die gleiche Menge für beide Nester genutzt werden. Halten Nestteile nicht zusammen, so kann man diese gut mit feinem Blumendraht am Körbchen befestigen. In das plastikfreie Vergleichsnest werden keine Plastikfetzen eingearbeitet. Hier wird nur das natürliche Polstermaterial auf die eingelegten Gräser ausgebreitet.

Während einige Kinder an den Nestern arbeiten, können andere insgesamt 6 bis 10 Eier aus Bienenwachs formen. Vogeleier haben meist eine unauffällige Farbe, eine sogenannte Tarnfarbe. Dadurch finden Greifvögel, die über dem Nest kreisen, und andere Eierräuber die Vogeleier nicht so schnell. Sind die Nester fertig, legen die Kinder jeweils 3 bis 5 Eier hinein.

Nun wird unter jedes Nest ein Suppenteller gestellt. Der Nässe-Vergleichstest beginnt: In die beiden kleinen Gießkannen wird die gleiche Wassermenge gefüllt und jeweils über den Nestern „abgeregnet". Die Kinder beobachten, dass das „Regenwasser" im Nest ohne Plastikfetzen (Plastikabfälle) besser abfließt.

Abschlussphase

Wir überlegen, wie wir den Vögeln helfen können: zum Beispiel, indem wir nirgendwo Plastik liegen lassen und alle Abfälle – auch die ganz kleinen Plastikteile – wieder mitnehmen sowie keine Plastiktüten mehr zum Einkaufen nehmen.

Ausblick

Das Projekt lädt dazu ein, in unserem Umfeld aktiv zu werden und den heimischen Vögeln zu helfen. Beispielsweise können wir in der Nähe der Kita Plastikmüll einsammeln. In durchgestylten Gärten ist es für Vögel außerdem oft schwer, überhaupt Material für den Nestbau zu finden. Auch hier können die Kinder aktiv werden. Wird Polstermaterial wie kleine, locker gezupfte Schafwollreste, Haare und Federn an Bäumen und Sträuchern hinterlegt, können Vögel das benötigte „Nistmaterial" abzupfen. Dadurch verbauen sie hoffentlich weniger Plastikabfälle in ihren Nestern.

6.3.2 Plastik am Strand

Hintergrundinformationen für pädagogische Fachkräfte

Ungefähr drei Viertel des Mülls, der im Meer landet, stammt vom Land und circa 80 % davon sind aus Plastik. Bisher scheint diese Entwicklung auch nicht zu bremsen zu sein. Im Gegenteil: Zu den vielen Millionen Tonnen Plastik, die bereits heute in den Weltmeeren schwimmen, kommen jedes Jahr etwa 8 Millionen Tonnen Plastik hinzu. Dadurch entstehen riesige Plastik-Strudel in den Weltmeeren. Und davon werden große Mengen an die Strände angespült.

Lernziel

Die Kinder wissen, welche Plastikteile an den Stränden gefunden werden und dass auch sie solche Gegenstände aus Plastik im Alltag benutzen.

Material

- Staffelei
- Bild eines plastikfreien Strands (auf DIN-A3-Plakatkarton)
- Bild mit Plastikmüll am Strand (z. B. S. 62)

Plastikmüll am Strand

- Korb mit Plastikgegenständen
- ggf. Klebstoff oder Krepp-Klebeband

Hinführungsphase

Die Kinder betrachten das Bild eines plastikfreien Strands auf einer Staffelei. Die Fachkraft erklärt: „So sahen die Strände vor vielen, vielen Jahren einmal aus. Angeschwemmt wurde immer irgendetwas. Meist war es Treibholz, das die Menschen gerne einsammelten, trockneten und für ihr Herdfeuer verwendeten. Manchmal fanden die Küstenbewohner und -bewohnerinnen auch Treibgut von einem gesunkenen Schiff. Das durften sie behalten."

Durchführungsphase

Die pädagogische Fachkraft zeigt den Kindern das Bild eines vermüllten Strands.
Die Kinder benennen die Plastikteile, die sie darauf erkennen: Einkaufsnetz, Plastikflaschen, Plastikschwämme, Kabel, Plastik-Spielball, Styropor (expandiertes Polystyrol/EPS) usw.
Anschließend holt die Fachkraft einen Korb mit weiteren Teilen, die häufig am Strand gefunden werden (vgl. Grafik S. 65): Wattestäbchen, Zigarettenkippen, Plastikstrohhalme, Plastikbecher, Plastikdeckel und -verschlüsse, Plastikschnüre, Lutscher-Stäbchen, T-Shirt mit Aufdruck/Applikation (sie enthalten Plastik/Weichmacher), weitere Verpackungen (Joghurtbecher, leere Süßigkeiten-Tüte etc.), Luftballon, Osterei aus Plastik, Klarsichthülle. Daraufhin benennen die Kinder die Teile im Korb und erzählen, woher sie die Gegenstände aus Plastik kennen.
Das Bild vom plastikfreien Strand auf der Staffelei wird erneut gezeigt. Die Kinder entnehmen reihum ein Plastikteil aus dem Korb und kleben es mit Kreppklebeband auf die auf dem Bild abgebildete Strandfläche. So sieht ein mit Plastik vermüllter Strand aus.

Abschlussphase

Wir wollen nichts mehr aus Plastik oder in einer Plastikverpackung kaufen oder uns schenken lassen. Wir wollen Plastikspielzeug aussortieren. Aber wie machen wir das? Wovon trennen wir uns? Was können wir selbst herstellen, um nichts in Plastikverpackungen kaufen zu müssen?

Ausblick

Mit den Kindern selbst plastikfreien Bastelkleber herzustellen (siehe Kapitel 7.5.5) macht nicht nur Spaß, sondern lässt auch schon Vorfreude auf die nächste ökologische Bastelaktion aufkommen. Auf dem Wochenmarkt und in anderen Geschäften plastikfrei einzukaufen, ist ebenfalls ein großes Erlebnis.

6.3.3 Was besteht in unserer Kita aus Plastik?

Lernziel

Die Kinder wissen, welche Gegenstände in der Kita aus Plastik sind und in welchen Gegenständen Plastik verarbeitet wurde.

Material

- ablösbare Markierungspunkte in den Farben Rot, Gelb und Schwarz
- Staffelei

Hinführungsphase

Die pädagogische Fachkraft führt die Kinder ins Thema ein: „Ihr wisst nun schon einiges über Plastik. Heute wollen wir gemeinsam herausfinden, was in unserer Kita alles aus Plastik ist."

Durchführungsphase

Für jeden Funktionsbereich wird eine Gruppe aus drei bis vier Kindern zusammengestellt. Jede Gruppe erhält ein Blatt mit roten und ein Blatt mit gelben Klebepunkten. Die Aufgabe besteht nun darin, auf alle Gegenstände aus Plastik einen roten Punkt zu kleben. Bei vielen gleichen Plastikteilen (z. B. einer Kiste mit Plastikperlen) reicht die Kennzeichnung des Behälters, in dem die Einzelteile aus Plastik aufbewahrt werden. Die Fachkräfte unterstützen die einzelnen Gruppen gegebenenfalls durch Impulsfragen. Sind die Kinder unsicher, ob etwas aus Plastik ist, können sie den Gegenstand mit einem gelben Punkt markieren.
Anschließend folgt eine „Plastik-Vernissage": Jede Gruppe zeigt und erklärt ihre rot gekennzeichneten Gegenstände. Dann sehen wir uns die Gegenstände mit gelber Markierung an und versuchen diese einzuordnen und richtig zu kennzeichnen.

Abschlussphase

Gemeinsam überlegen wir, auf welche Plastikteile wir verzichten möchten/können. Diese bekommen einen schwarzen Aufkleber. Wenn mindestens die Hälfte der Kinder für das Aufkleben des schwarzen Punktes sind, wird der Gegenstand aussortiert.

Ausblick

Nach einiger Zeit – zum Beispiel wenn plastikfreie Alternativen gefunden sind – kann noch einmal eine Abstimmung über die Gegenstände mit roten Punkten vorgenommen werden. Bei besonders beliebten Plastikprodukten können Kinder und Fachkräfte auch gemeinsam vereinbaren, dass die Gegenstände erst einmal probeweise herausgenommen werden. So wird die Kita nach und nach plastikfreier.

DIE MÜLLVERSCHMUTZUNG AN STRÄNDEN

Die häufigsten Abfälle an ausgesuchten Küstenlinien, prozentualer Anteil pro 100 Meter, basierend auf OSPAR*-Screenings, 2013

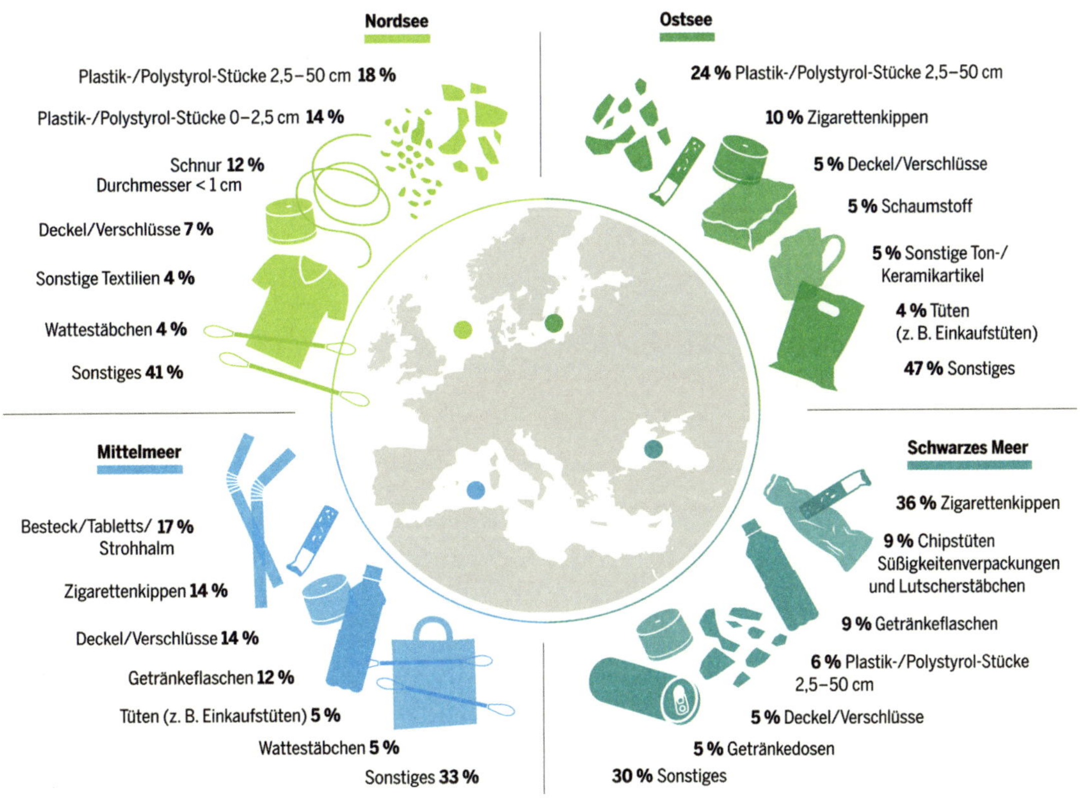

* Völkerrechtlicher Vertrag zum Schutz der Nordsee und des Nordostatlantiks

6.3.4 Wie könnte unsere Kita ohne Plastik aussehen?

Lernziel

Kinder (ab 5 Jahren) entwerfen ohne Vorgaben von Erwachsenen Entwürfe von einer plastikfreien Kita oder einem bestimmten Funktionsbereich. Sie malen dazu ihre Ideen auf Papier.

Material

- Papier
- Stifte

Hinführungsphase

Eine pädagogische Fachkraft regt die Fantasie der Kinder an: „Stellt euch vor, es gäbe in der Kinderküche (oder einem anderen Funktionsbereich) nichts mehr aus Plastik. Was wäre nicht mehr da? Wie würde die Kinderküche dann aussehen? Und was könnte statt Plastik in der Küche sein? Was würdet ihr euch wünschen?"

Durchführungsphase

Die Kinder malen in Einzelarbeit oder als Tandem ein Bild, zum Beispiel zum Thema: „Unsere Kinderküche ohne Plastik – wie könnte sie aussehen?" Kinder tun sich leichter, wenn sie sich dabei auf einen bestimmten, selbst gewählten Funktionsbereich beschränken.

Abschlussphase

In einer Bildervernissage werden die Bilder der Kinder direkt im bzw. vor dem Funktionsbereich auf der Staffelei gemeinsam betrachtet. Die kleinen Künstler und Künstlerinnen können, wenn sie wollen, ihr Bild erklären.

Ausblick

Bei der Vision der Kinder soll es natürlich nicht bleiben. Gemeinsam überlegen sich Kinder und pädagogische Fachkräfte, welche Ideen sie auf welche Weise umsetzen wollen.

7. Eltern auf die Reise mitnehmen

7.1 Eltern begeistern

„Der Mensch ist ein Gewohnheitstier."
Gustav Freytag

Im Umgang mit den Familien der Kinder sollten Sie dieses Zitat immer im Hinterkopf behalten. Denn von nichts löst man sich so schwer wie von lieb gewonnenen Gewohnheiten. Eines ist sicher: Wer möglichst plastikfrei leben will, muss sich von einigem trennen, stellt sich um, mistet aus, wird auch mit Unannehmlichkeiten konfrontiert. Dadurch entstehen Widerstände: Warum muss es jetzt eine Edelstahldose sein, die ich meinem Kind mit in die Kita gebe? Und wer zahlt mir die neue Trinkflasche? Hören Sie den Eltern mit ihren Sorgen und Bedenken zu und stellen Sie ihnen Alternativen vor. Es muss nicht unbedingt eine neue Vesperdose aus Edelstahl sein. Jede Gebäckdose aus Metall tut es auch und Nüsse oder andere kleine Snacks lassen sich zum Beispiel wunderbar in leere Cremedosen füllen. Eine normale Glasflasche nimmt das Getränk rückstandsfrei auf. Wenn eine Elterngruppe dann noch eine isolierende und schützende Filzhülle dazu herstellt – wunderbar!
Wenn Sie mit der Elternarbeit beginnen, sind Sie bereits zur Expertin oder zum Experten beim Thema „plastikfrei" geworden. Die in den ersten Kapiteln beschriebenen Informationen bieten dafür eine gute Grundlage. Machen Sie sich bewusst, dass die Eltern noch nicht über dieses Wissen verfügen und auch nicht unbedingt Ihr Interesse am Thema teilen. Es liegt an Ihnen, sie mit Ihrer Begeisterung anzustecken!
Im Gespräch mit den Familien sollte auch auf die Wortwahl geachtet werden. „Verzicht" legt den Schwerpunkt darauf, was die Eltern und Kinder im Umstellungsprozess verlieren. Der Duden nennt als Synonyme beispielsweise Abgang, Aufgabe, Entbeh-

rung, Entsagung, Opfer und Trennung (vgl. Bibliographisches Institut 2019). Im alltäglichen Sprachgebrauch verbindet man mit all diesen Worten eher etwas Negatives, Unangenehmes.

Statt von Verzicht zu sprechen, wenn wir uns von Plastik trennen, können wir den Schwerpunkt auf unsere bewusste Entscheidung und mögliche Alternativen legen. Wir können beispielsweise sagen: „Das wollen wir nicht mehr", „Das brauchen wir nicht", „Das ist überflüssig", „Das wollen wir ermöglichen", „Das wollen wir austauschen". Worte sind wichtig. Denn die richtige Wortwahl entscheidet über Gefühle, die Zuhörende mit etwas Neuem verbinden.

7.2 Checkliste für die Elternarbeit

Folgende Leitgedanken helfen dem Team dabei, auf Eltern einzugehen und ihnen das Thema „plastikfrei" näherzubringen.

Vermittlung des Themas „plastikfrei"

- Stellen Sie die wichtigsten Sachinformationen anschaulich und verständlich dar.
- So verschieden wie die Biografien der Eltern sind, so unterschiedlich sind auch ihre individuellen Zugänge zum Thema „plastikfrei". Vermeiden Sie darum Bewertungen von Elternäußerungen zum Thema, vor allem wenn andere zuhören.
- Betonen Sie die positiven Aspekte des „Ausmistens" von Plastik in der Kita.
- Erwachsene sind exzellente Verdrängungskünstler und -künstlerinnen: „Was bringt das schon, wenn ich plastikfrei lebe? Ich kann ja doch nichts ändern." Diese Einstellung führt zu einem kollektiv falschen Verhalten mit verheerenden Folgen. Machen Sie deshalb deutlich, dass Gewohnheiten und Selbstverständlichkeiten veränderbar sind.
- Geben Sie Raum für Austausch in Kleingruppen.
- Bieten Sie – auch in Einzelgesprächen – Unterstützung an.

Umsetzung der neuen Standards

- Stehen Sie zu Ihrem Vorhaben und bestehen Sie selbstbewusst auf der Erfüllung der Kita-Standards zum Thema „plastikfrei."
- Einigen Sie sich, nach Absprache mit den Eltern, auf eine Übergangsfrist, die für alle Gruppen der Kita verbindlich ist.

- Überlegen Sie vorab im Team, wie Sie mit Eltern umgehen, die eingeforderte Standards nicht einhalten.
- Äußern Sie nicht die Erwartung, dass die Eltern auch zu Hause auf Plastik verzichten. Das fällt nicht in Ihren Aufgabenbereich – und ist meist eher kontraproduktiv. Stattdessen werden Kinder ohnehin Impulse zum plastikfreien Alltag in die Familien tragen und ein Umdenken anregen. Erfahrungsgemäß geben die Kinder ihr in der Kita gewonnenes Werteverständnis weiter.

7.3 Elterninformation im Eingangsbereich

Einige Elterninformationen im Eingangsbereich und/oder in der Elternecke können bereits vor dem ersten einführenden Elternabend zum Projekt „plastikfrei" ausgehängt bzw. ausgelegt werden. Diese machen neugierig und führen die Familien ungezwungen an das Thema heran. Das kann zum Beispiel so aussehen:

Informationstafel zum Thema „Verrotten von Plastikprodukten"

Auf einem Plakatkarton im DIN-A3-Format werden mit Klebstoff oder/und Tacker folgende Gegenstände mit Angabe der jeweiligen Verrottungszeit angebracht:

- dünner Plastikbecher (5 Jahre)
- Zigarettenkippe (7 Jahre)
- Plastiktüte (20 Jahre)
- Plastikflasche (450 Jahre)
- Hülle Plastik-Klebestift (400 Jahre)
- Wegwerfwindel (500 Jahre)
- Plastikstrohhalm (400 bis 500 Jahre)

Auslegen von Informationsmaterial

Bücher und kostenlose Materialien, in denen das Thema Plastik spannend aufbereitet ist, gibt es zuhauf. Einige Beispiele:

- DIN-A5-Karte mit Checkliste „Was kann ich tun?" von Brot für die Welt: https://shop.brot-fuer-die-welt.de (Suche „Was kann ich tun?")
- Faltblatt „Gut gekleidet –Tipps für einen bewussteren Umgang mit Textilien" vom NABU: www.nabu-shop.de/nabu-tipp-tipps-fur-einen-bewussteren-umgang-mit-textilien.html

- Broschüre des Lands Baden-Württemberg „Gut zu wissen! Nachhaltig tauschen und teilen", www.heldenshop-bw.de/shop/gzw-tauschen-teilen
- Plastikatlas der Heinrich Boell Stiftung und des BUND mit vielen Infografiken: www.boell.de/Plastikatlas
- „Ratgeber für PVC-freie Kindergärten und Kinderzimmer" des BUND: www.bund.net/fileadmin/user_upload_bund/publikationen/chemie/pvc_ratgeber_broschuere.pdf
- Bunk, A.; Schubert, N. (2016): Besser leben ohne Plastik. München: oekom verlag

Projekt-Pinnwand

Auch wenn das Projekt „plastikfrei" gestartet ist, sollten Sie die Familien auf dem Laufenden halten. Mit einer schön gestalteten Pinnwand geben Sie nicht nur immer wieder neue Impulse, sondern informieren auch über tolle Erfolge.

- Zeitungsberichte und andere Belege der Öffentlichkeitsarbeit
- Formen der Unterstützung von außen (Spenden, Sponsoring, Handwerksleistungen etc.)
- Aktionen/Bildungsangebote, die Sie aktuell mit den Kindern durchführen
- neue Qualitätsstandards (siehe Kapitel 4.3)
- Informationen und Listen der Teilnehmenden zu (möglichen) Arbeitsgruppen (z. B. „Wir stellen Wachstücher her")
- Liste zur Bildung von Fahrgemeinschaften (u. a. zur Vermeidung von Reifenabrieb)
- Elternwand für Tipps, Suche- und Tauschrubrik
- Elternwünsche, Elternfragen
- Mut machende, inspirierende Sprüche

Eltern-Tipps

Tipps werden von Eltern besonders gerne angenommen, wenn sie unaufdringlich angeboten werden und leicht in den Alltag zu integrieren sind. Wie das aussehen kann, sehen Sie bei den „Waschtipps für ‚Plastik-Kleidung'".

Waschtipps für „Plastik-Kleidung"

Bei Kleidung aus Synthetikfasern (Polyester, Lycra, Nylon, Polyacryl) gelangt bei jedem Waschgang Mikroplastik in das Abwasser. Diese Tipps helfen dabei, Mikroplastik zu reduzieren:

- weniger schleudern (am besten 900 Umdrehungen oder noch weniger)
- niedrige Waschtemperatur wählen
- weniger waschen; stattdessen einzelne Flecken auswaschen oder auslüften, was nicht dringend in die Wäsche muss
- Waschbeutel verwenden (z. B. Waschbeutel „Guppyfriend")

Am besten aber ausschließlich Textilien aus Wolle, Baumwolle, Leinen, Seide oder anderen Naturfasern kaufen!

7.4 Erster Elternabend zum Thema „plastikfrei"

Mit einer Einladung zum Infoabend wenden Sie sich an die Elternschaft der Kita-Kinder. Dabei ist es nicht notwendig, in der Einladung auf Einzelheiten des Plastikfrei-Projekts einzugehen.

Liebe Eltern!

Wir wollen uns gemeinsam mit Ihnen auf den Weg machen – zu einer Einrichtung mit möglichst wenig Plastik. Die Kinder sollen aktiv durch passende Bildungsangebote zum Thema „Plastik" in den Umstellungsprozess einbezogen werden. Auf unserem Infoabend am (Datum) um (Uhrzeit) in (Ort) erfahren Sie mehr. Gerne möchten wir Ihnen unser Konzept vorstellen. Lassen Sie sich überraschen!
Auf Ihr Kommen freut sich

Ihr Kita-Team

In den nächsten Tagen sollten Sie Tür-und-Angel-Gespräche nutzen, um persönlich für die Teilnahme am Elternabend zu werben. Dabei können Sie auf die Bedeutung des Themas für Einrichtung und Kinder hinweisen.

7.4.1 Einstieg in den Elternabend

Die nachfolgenden Vorschläge sind als mögliche, variabel nutzbare Bausteine einsetzbar.

Gelingens-Geschichte

Gute Geschichten schärfen den Blick, lenken den Fokus auf das Besondere und schaffen gemeinsame Bezüge zwischen den Zuhörenden. Spannende, berührende und bewegende Geschichten helfen, Menschen für eine Idee oder ein Projekt zu begeistern und zum Mitmachen zu bewegen. Aber was macht eine gute Geschichte aus und wie finde ich gute Geschichten, um ein Thema zu vermitteln? Besonders eignen sich Gelingens-Geschichten – weil sie Mut machen. Die hier aufgeschriebene, wahre Geschichte dient als Beispiel. Sie zeigt, dass eine Minderheitenmeinung Großes bewirken kann. Trauen Sie sich und schreiben Sie selbst eine Gelingens-Geschichte!

Sklavenzucker

10 Kilo Zucker im Jahr – so viel verzehrten Engländer und Engländerinnen durchschnittlich schon im 18. Jahrhundert. Dieser Zucker kam aus der Karibik von Zuckerrohrplantagen, auf denen unter unmenschlichen Bedingungen Sklaven und Sklavinnen arbeiteten. Diese waren zuvor wie Vieh von Afrika in die Karibik verfrachtet und an Plantagenbesitzer verkauft worden. Ein barbarisches Geschäft.

Ende des 18. Jahrhunderts gründete eine Gruppe von Engländern einen Verein. Sie nannten sich Abolitionisten und kämpften gegen Sklavenhandel und Sklaverei. Hunderttausende Bürger und Bürgerinnen setzten ihren Namen unter ein Protestschreiben gegen die Sklaverei. Als das Begehren 1791 zur Abstimmung im Unterhaus kam, wurde es jedoch abgeschmettert. Zu groß war die Lobby, die hinter den Interessen der Plantagenbesitzer stand.

Also einfach aufgeben? Die Naturmalerin Katherine Plymley entschied sich für einen anderen Weg. Sie hörte auf, ihren Tee mit Zucker zu süßen, und verzichtete auf gesüßtes Gebäck. Ihr Gerechtigkeitssinn sagte ihr, dass man keinen Aufruf gegen Sklaverei unterschreiben und dennoch weiter „Sklavenzucker" kaufen und verzehren kann. Und immer mehr Menschen aus England taten es ihr gleich. Diese „Massen-Konsumverweigerung" führte zum Einbruch des Zuckerkonsums. Was niemand zu hoffen gewagt hatte, trat ein: Der Sklavenhandel wurde beendet.

Die Geschichte zeigt, welche Macht Konsumenten und Konsumentinnen haben, wenn sie ihr Kaufverhalten konsequent ändern. Wenn viele Menschen Dinge, die aus Plastik sind oder Plastik enthalten, nicht mehr kaufen, können sie Hersteller auf diesem Wege motivieren zu reagieren. Wenn kein Plastikspielzeug mehr verkauft wird, stellt es auch niemand mehr her. Unser Geld gleicht einem Stimmzettel. Nutzen Sie Ihre Macht als Verbraucher oder Verbraucherin!
Die Geschichte kann Eltern von der Begeisterung anstecken, etwas zu verändern. Machen Sie deutlich: „Wir sind alle mit verantwortlich dafür, dass wir unseren Kindern eine Zukunft in einer lebenswerten Welt ermöglichen. Wir wollen hier in unserem Lebensbereich daran arbeiten, wir wollen unseren Beitrag dazu leisten: durch eine möglichst plastikfreie Kita. Auch Tiere und Pflanzen leiden unter den Folgen unseres Plastikkonsums. Wir brauchen Ihre Unterstützung, damit unser Ziel Wirklichkeit werden kann!"

Eltern reflektieren über die Bedeutung von Plastik in ihrem Leben

Damit Eltern Teil des Projekts werden, sollten Sie Ihnen die Chance geben, selbst einen Reflexionsprozess zu durchlaufen. Diesen kann folgender schriftlicher Impuls anstoßen:

Wenn Sie an Ihr Zuhause denken und an all die Gegenstände aus Plastik in Ihrem Alltag:

- Worauf könnten Sie auf keinen Fall verzichten? (6 Nennungen)
- Worauf würden Sie gerne mal verzichten? (6 Nennungen)

Geben Sie den Eltern dann circa 5 Minuten Zeit, einzeln die Fragen zu beantworten. Anschließend können sich die Eltern zu Vierergruppen zusammenfinden und sich in den Kleingruppen austauschen (mindestens 5 Minuten).

Film: Auf dem Weg zum plastikfreien Waldkindergarten

Eine weitere Möglichkeit, Eltern an das Thema heranzuführen, besteht darin, gemeinsam den Film „Auf dem Weg zum plastikfreien Waldkindergarten" (circa 20 Minuten) zu schauen. Hier begleitete ein Filmteam die Waldkindergruppe eines Waldkindergartens und gibt Hintergrundinformationen zu den Folgen des Massen-Plastikkonsums (www.waldkindergartenlandesverband.de/aktuelles).

7.4.2 Warum leiden Tiere unter dem Plastikkonsum der Menschen?

Wenn Sie das im Kapitel 6.3.1 beschriebene Bildungsangebot „Plastik im Vogelnest" bereits mit den Kindern durchgeführt haben, können Sie am Elternabend die zwei gebastelten Nester jeweils mit und ohne Plastik zeigen. Ist das nicht der Fall, kann das Bild eines Vogelnests mit Plastik-Anteilen gezeigt werden.
Erzählen Sie den Eltern dabei, warum Sie diese Aktivität mit den Kindern gemacht haben bzw. warum Sie ein solches Angebot planen.

7.4.3 Neue Standards für Vesperdosen und Trinkflaschen

Der Elternabend kann auch Gelegenheit bieten, konkret in Umstellungsmaßnahmen einzusteigen. Hierfür eignen sich Kita-Standards, die im Voraus im Team bzw. in Zusammenarbeit mit dem Träger entwickelt wurden.
So empfiehlt es sich zum Beispiel, mit einem neuen Standard für das Frühstück bzw. Vesper der Kinder zu beginnen. Dieser enthält, dass zukünftig alle Kinder Getränke und Nahrungsmittel ausschließlich in plastikfreien Behältern mitbringen. Um den Familien den Zugang zu dieser neuen Regel zu erleichtern, können Sie ihnen auf einem Präsentationstisch Muster solch unterschiedlicher Behälter vorstellen und sie ausprobieren lassen. Alle Eltern erhalten anschließend eine Kopie der Frühstücks-Standards (für weitere Beispiele vgl. Kapitel 4.3).

Plastikfreies Vesper

Qualitätsbereich „Frühstück in unserer Kita"

Kriterium 1 (Unterscheidungsmerkmal)	**Indikatoren** (Erkennung)	**Operatoren** (Handlungspflichten, -optionen)
Verpackung mitgebrachter Getränke und Nahrungsmittel	• Getränkebehälter • Vesperdosen • verpackungsfreie Lebensmittel • Reinigung	vergleichen, auswählen, vorbereiten, verpacken, mitbringen, entleeren reinigen, abtrocknen, einpacken, mitnehmen

Standard Getränkebehälter

- Die Kinder bringen ihr Getränk in plastikfreien Behältern mit, z. B. in Glasflaschen oder Edelstahlflaschen.

Standard Vesperdosen

- Die Vesperdose ist aus plastikfreiem Material, z. B. aus Edelstahl oder Weißblech.

Standard verpackungsfreie Lebensmittel

- Es werden keine Lebensmittel in eingeschweißten Plastik- oder Alu-Verpackungen mitgegeben. Alternativen sind Wachstücher oder auch Dosen mit Trennwand-System.

Standard Reinigung

- Alle Behältnisse werden in der Kita von den Kindern gereinigt (lebenspraktischer Ansatz) und den Kindern in gereinigtem Zustand mit nach Hause gegeben.

7.5 Elternaktionen

Zusammen neue Wege kennenlernen und etwas ausprobieren sind wichtige Gemeinschaft stiftende Erfahrungen für Eltern. In gemeinsamen Aktionen können Familien so lernen, auch zu Hause neue Wege einzuschlagen und Alternativen zu Plastik zu entdecken. Solche Elternaktionen können pädagogische Fachkräfte unterstützen, indem sie Impulse setzen und dafür Räumlichkeiten in der Kita zur Verfügung stellen.

7.5.1 Müllsammelaktion

Eine Eltern-Kind-Aktion kann darin bestehen, gemeinsam Plastikmüll in der Natur einzusammeln.

Man braucht

Greifzangen, Schutzhandschuhe, Sammelbehälter Abfallcontainer, 1 gesicherte Leiter am Container, Fotoapparat, fakultativ Plakat mit Verrottungszeiten (siehe S. 69)

So geht's

Zunächst sollten Sie bei der Stadt oder Gemeinde nachfragen, ob ein Container finanziert und gegebenenfalls zur Verfügung gestellt werden kann (Bauhof). Ein örtlicher Baumarkt spendet vielleicht Schutzhandschuhe (auch in Kindergröße) oder kann ebenfalls mit einem Container aushelfen. Wurde das Gebiet vorher in Augenschein genommen und genau eingegrenzt, kann die Müllsammelaktion beginnen!

Sammelbehältnisse bringen Eltern und Kinder selbst mit. Beim Sammeln sollten Sie systematisch vorgehen, das heißt in einem Abstand von circa 3 Metern das Gebiet in Reihenformation absuchen. Einem Kind wird nach Möglichkeit jeweils eine erwachsene Person zugeordnet.

Nachhaltigkeit schaffen Sie zusätzlich, indem Sie die Lokalpresse einladen, die über die kleinen Müllsammler und Müllsammlerinnen berichtet und – bei Einverständnis – auch die Unternehmen erwähnt, die die Aktion großzügig unterstützt haben. Wenn Sie vorher eine kurze Info-Mappe erstellen, sind Sie dafür bestens vorbereitet. Eine eigene kleine Fotodokumentation rundet die Sammelaktion ab.

7.5.2 Bienenwachstücher herstellen

Wachstücher

Frisch halten ohne Frischhaltefolie? Kein Problem für (selbst gemachte) Bienenwachstücher! Preiswert bekommen Sie Wachs direkt vom Imker, Stoffreste aus nicht zu dickem Baumwollgewebe können sicher viele Eltern beisteuern.
Wachstücher schmiegen sich beim Umwickeln von Lebensmitteln durch die Handwärme an (leichten Druck ausüben). Durch das verwendete Kokosöl wird es so geschmeidig, dass es bei Faltung nicht bricht. Die Tücher reinigt man in lauwarmem Wasser, in das etwas Spülmittel gegeben wird. Dann trocknen lassen.

Man braucht
Bienenwachs, Kokosöl, breiter Backpinsel, alte Zeitungen, altes Bügeleisen, Bügelbrett, Stoffreste, Zickzackschere, Backpapier, 1 leere Konservendose, hitzefeste Unterlage zum Abstellen des Wachs-Topfs am Bügelbrett

So geht's
Stoffreste mit der Zickzackschere in gewünschter Größe zuschneiden. Bienenwachs und Kokosöl ungefähr im Verhältnis 3:1 im Wasserbad schmelzen. Bügelbrett und den Fußboden unter dem Brett mit Zeitungspapier ausgelegen. Auf das Bügelbrett nun einen Bogen Backpapier legen, darauf das Stoffstück. Mit einem Pinsel die flüssige Wachsmischung auftragen, mit Backpapier abdecken und bei mittlerer Hitze (ohne Dampffunktion) einbügeln. Gegen das Licht halten und falls notwendig unbedeckte Flächen im Tuch nachbearbeiten. Tipp: Das Wachs nicht zu dick auftragen. Jede Fläche möglichst nur einmal bestreichen.

7.5.3 Sitzkissen filzen

Nicht nur auf Plastikmatten sitzt es sich bequem. Stricken Sie mit 200 g Filzwolle (100 % Schurwolle) mit Nadelstärke 10 und einem Maschenanschlag von 40 Maschen (à ca. 25 – 30 Reihen) ein Sitzkissen. Nach dem Verfilzen (in der Waschmaschine bei 60 °C) und In-Form-Ziehen hat das fertige Sitzkissen eine Größe von circa 25 cm x 35 cm.

7.5.4 Spülmittel selbst machen

Auch die Herstellung von Wasch- und Reinigungsmittel wird zum spaßigen DIY-Projekt, wenn Sie die Kinder einbinden. Beispielsweise lässt sich Spülmittel leicht selbst machen. Alle Inhaltsstoffe, die es dafür braucht, sind zum Beispiel 20 g Olivenölseife, 1 TL Natron und 450 ml kochendes Wasser. Die Seife wird mit einer Reibe in feine Späne gerieben und mit Wasser übergossen. Hat sich die Seife aufgelöst, wird das Natron hinzugegeben. Wenn die Masse ausgekühlt ist, ist das flüssige Handspülmittel fertig und kann in einen Seifenspender aus Metall oder in eine Glasflasche gegeben werden.

Weitere Infos und Rezepte zum nachhaltigen Spülen gibt es auf **https://utopia.de/ratgeber/spuelmittel-selber-machen-rezept-zum-handspuelen-und-fuer-geschirrspueler/**

7.5.5 Bastelkleber herstellen

Was wäre der Kita-Alltag ohne Klebstoff? Doch Klebetuben und -stifte sind fast ausschließlich aus Plastik, und Klebstoff in Glasflaschen ist teuer. Glücklicherweise müssen aber auch plastikfreie Einrichtungen nicht auf das tolle Bastelutensil verzichten. Sie können den Kleber etwa im Rahmen eines Elternabends, zu dem die Eltern leere Gurken- oder Marmeladengläser mitbringen, gemeinsam herstellen.

Man braucht für circa 8 Gläser

500 g Speisestärke (z. B. Maisstärke), 4 EL hellen Essig (keine Essig-Essenz), 4 TL Salz, 2 l kochendes Wasser, 1 größeren Topf mit Verrottungszeiten

So geht's

In das heiße Wasser Salz und Essig geben, gut umrühren. Dann wird die Speisestärke dazugegeben und verrührt. Mit dem Auflösen der Stärke verflüssigt sich die anfangs harte Masse. Sie sieht nun milchig-trüb aus. Das Rühren muss fortgesetzt werden, bis es keine Klümpchen mehr gibt. Nun wird die Masse noch heiß in die Gläser gefüllt und mit Deckeln verschlossen. Auf dem Kopf stehend auskühlen lassen.

Tipp: Wenn der Kleber mit der Zeit nicht mehr streichfähig ist, kann die zähe Klebmasse mit dem Messer zerkleinert und in einem Topf durch Erhitzen und minimale Wasserzugabe unter ständigem Rühren wieder verflüssigt werden.

8. Praxisbeispiel: Der plastikfreie Waldkindergarten „Wurzelkinder“

(ein Beitrag von Tobias Hornung)

8.1 Von der Idee zur Realisierung

Die Reise des Vereins und Trägers „Integration Mensch – Natur e. V.“ zu einem plastikfreien Waldkindergarten begann bereits 2013, als der Kindergarten „Kinderwald“ in Tauberbischofsheim seinen Bauwagen entkernt und saniert hat. Dabei entschieden sich alle Beteiligten dafür, ausschließlich plastikfreie und ökologische Baustoffe zu verwenden.

2018 kam die Stadt Lauda-Königshofen schließlich mit dem Anliegen auf den Verein zu, auch hier einen Waldkindergarten zu gründen. Dem Verein war schnell klar: Der neue Kindergarten „Wurzelkinder“ sollte durchgehend plastikfrei sein – und stieß zum Glück auf offene Ohren. In Einzelgesprächen mit den zuständigen Sachbearbeitern und -bearbeiterinnen der Stadt und in einer Stadtratssitzung, in der das Konzept vorgestellt wurde, kam die Idee gut an. In Zeiten wie diesen, wo Artenschutz, Umweltschutz und Klimaschutz drängender denn je sind, war es für eine offene und zukunftsorientierte Stadt eine Selbstverständlichkeit, sich unserer Vision eines plastikfreien Waldkindergartens anzuschließen. Ein Kindergarten, der nicht nur während seiner gesamten Betriebszeit ressourcenschonend und somit nachhaltig arbeitet, sondern auch noch auf Plastik verzichtet, ist aus Umweltsicht unschlagbar.

Das sahen und sehen auch die Stadträte und der Bürgermeister so: Die Initiative bedeutet eine Bereicherung und gibt anderen Kitas Impulse. Das Profil der Stadt profitiert von diesem engagierten Konzept, indem sie ihren ökologischen Fußabdruck verbessert und CO_2 spart. Ein Modell mit Zukunft!

8.2 Ein plastikfreier Bauwagen

Was wäre ein Waldkindergarten ohne Bauwagen? Damit dieser ganz ohne Plastik auskommt, braucht es in der Regel eine Sonderanfertigung. Die Ausgaben bewegen sich jedoch im gleichen Rahmen wie bei der Verwendung herkömmlicher Baustoffe.

Die Stadt entschied sich nach verschiedenen Angeboten für eine Bauwagenmanufaktur aus der Region. Vorausgesetzt wurde, dass der komplette Neubau nicht nur auf Plastik verzichtet, sondern auch nur ökologische Baustoffe zum Einsatz kommen. Ein Treffen mit den Handwerkern der Manufaktur zeigte bald, dass auch in diesem Bereich die Ohren und das Interesse weit offen waren für dieses Thema. Zwar bedeutete ein derartiger Wagen eine echte Novität für das Unternehmen, für den Betrieb stellten die Vorgaben aber keine große Herausforderung dar. Der Auftrag wurde reibungslos nach zukunftsorientierten, ökologischen Maßstäben umgesetzt.

Sparen Sie Geld, indem Sie die Angebote von Wagenbaumanufakturen daraufhin kritisch hinterfragen, ob manches weggelassen oder vereinfacht werden kann. Nicht alles, was möglich ist, ist auch notwendig!

8.2.1 Verwendete Materialien

Holz im Außen- und Innenbereich

Holz ist eines der wichtigsten Materialien eines Bauwagens. Für den Außenbereich sollten entsprechend robuste Holzarten verwendet werden, sodass sich für Außenwände und Terrassenböden zum Beispiel Douglasie oder Lärche anbieten. Ob klassisch mit Nut und Feder oder ob eine Boden-Deckel-Schalung als Außenwand gewählt wird, hängt von persönlichen Vorstellungen ab. Das Augenmerk sollte sich jedoch auf das regional verfügbare Holzangebot richten. Bei Hölzern, die von weit her kommen, ist kaum nachprüfbar, ob sie unter ökologisch nachhaltigen Bedingungen geerntet wurden. Außerdem verschlechtern lange Transportwege die Ökobilanz.
Für Pfosten jeglicher Art, ob im Boden eingegraben, einbetoniert oder aufgestellt, eignen sich Robinienhölzer, die geschält und geschliffen als Rundholz – wie gewachsen – zudem sehr schön aussehen.

Für die Innenwände reicht Weichholz aus, für die Fenster und Rahmen wird meist Kiefer verarbeitet, für Türen ebenso. Wichtig ist auch hier beim Kauf auf die Herkunft der Hölzer zu achten. Holz aus der nächsten Umgebung hat oft die beste Ökobilanz. Wenn sich in der Region nichts findet, sollte man Holz aus Deutschland erwerben und sich an den forstwirtschaftlichen Zertifizierungen orientieren: Die Siegel FSC und PEFC bestätigten eine nachhaltige Fortwirtschaft.
Fußböden sind entsprechend der Nutzung auszuwählen. Dabei gilt zu beachten, dass 20 Kinder einen Boden stark beanspruchen. Deshalb empfiehlt sich kein Weichholz. Kork ist aufgrund der langen Transportwege ökologisch problematisch.

Holzschutz

Nicht jedes Holz muss behandelt werden. Im Außenbereich kann Lärche als sägeraues Holz etwa unbehandelt bleiben. Das Holz ergraut zwar mit der Zeit, verwittert aber nicht. In einer sehr feuchten Umgebung hingegen sollte jährlich eine Ölung aus Leinöl oder anderen geeigneten Ölen vorgenommen werden.
Alle Hölzer, die behandelt werden müssen, sollten ausschließlich mit ökologischen Mitteln behandelt werden. Besonders von Schwermetallen, Härtern, Lacken sollte Abstand genommen werden, aber auch sonstige chemische Holzschutzmittel gilt es zu vermeiden. Im Sinne des lebenspraktischen Ansatzes (vgl. Miklitz 2012) können alle gemeinsam – ohne Chemie – die Hölzer entsprechend pflegen und erhalten. Die Kinder dürfen so beispielsweise unter Anleitung beim Anstrich helfen.

Dämmstoffe

Einige Abteilungen im Baustoffhandel bieten gezielt ökologische Baustoffe an. Dort findet sich Dämmmaterial für Wände, Decken und Böden, zum Beispiel in Form von unterschiedlich starken Platten aus Hanf oder Holzfasern.

Plastik

Für Kabel, Rauchmelder, Teile des Feuerlöschers etc. gibt es derzeit keine plastikfreien Alternativen. Für Lichtschalter gibt es Lösungen aus Keramik.

8.2.2 Atmosphäre und Ausstattung

Der Wald bietet eine besondere Atmosphäre und fördert die optimale physische und psychische Entwicklung eines Kindes. Dies setzt sich im Inneren des Bauwagens fort. Ein nach Holz riechender, harmonisch mit Naturfarben sowie runden Formen gestalteter und vor allem wohngesunder Bauwagen unterstützt die kindliche Entwicklung. Tische, Stühle, Truhenbänke sind aus Holz. Werkzeuge, plastikfreie Sägen, Scheren, chemiefreie Klebstoffe in Glasfläschchen gehören ebenso zur Ausstattung wie der Unverpackt-Einkauf. Gebrauchte, plastikfreie Artikel werden für wenig Geld auf Basaren und Flohmärkten angeboten. Oft bekommt man sogar einen Preisnachlass, wenn man erwähnt, dass man die Dinge für einen Kindergarten kaufen möchte. Es muss nicht alles neu sein, auf Qualität wurde zu Großmutters Zeiten im Zweifel mehr geachtet (siehe dazu auch Kapitel 2.3.6).

8.3 Plastikfreie Rucksäcke und Kleidung

Um das Konzept „plastikfrei" ganzheitlich umzusetzen, bietet der Kindergarten „Wurzelkinder" neben einem plastikfreien Bauwagen zum Wohlfühlen plastikfreie Rucksäcke aus Leder sowie Kleidung an. Das ist nicht nur aus ökologischer Sicht sinnvoll, auch können Firmen, die ihren CO_2-Verbrauch senken möchten, in diese Konzepte einsteigen und sie durch Spenden und Sponsoring unterstützen. Der Waldkindergarten macht es vor: Es gibt immer Mittel und Möglichkeiten, derartige Konzepte finanziell als Gemeinschaft zu tragen. Man muss es nur wollen.

Lederrucksack

Lederrucksäcke

Die schönen, handgefertigten Kinderrucksäcke wurden in einer ortsansässigen Ledermanufaktur hergestellt. Im Vorfeld wurde gemeinsam das Muster entworfen und Leder nach ökologischen Gesichtspunkten ausge-

wählt. Wieder einmal zeigte sich: Der direkte Kontakt zum lokalen Handwerk fördert Transparenz. So wird dem Einsatz bedenklicher Stoffe vorgebeugt, indem gemeinsam individuelle Lösungen gefunden werden.
Auch wenn die Anschaffung des Rucksacks auf den ersten Blick kostspielig zu sein scheint, ist das Konzept durchdacht: Jede Familie zahlt pro Kindergartenjahr 10 € für die Nutzung des Lederrucksacks. Nach Schuleintritt bekommt ihn das nächste Kind usw. Somit amortisiert sich die Ausgabe nach einigen „Durchläufen“. Außerdem kommt der Aspekt des lebenspraktischen Ansatzes (vgl. Miklitz 2012) zum Tragen, da die Kinder für die Pflege des Rucksacks zuständig sind und ihn regelmäßig einfetten.

Bekleidung

Neben den Rucksäcken stellt der Kindergarten auch einige Garnituren an Oberbekleidung zur Verfügung. Dadurch verringert sich die Menge an Kleidung in den Familien und einkommensschwache Familien werden entlastet.
Für Regenjacken und Matschhosen gibt es auf dem Markt plastikfreie Varianten aus deutscher Herstellung – auch aus ökologisch angebauter Baumwolle. Für die Unterbekleidung bieten sich Baumwoll-Schurwoll-Seide-Mischgewebe an. Wer Funktionsunterwäsche aus Plastik trägt, setzt sich einem gesundheitlichen Risiko aus. So enthalten zum Beispiel 9 von 10 getesteten Kleinkindersocken BPA (BUND 2019a). Hinzu kommen die Einträge von Mikroplastik in die Natur durch Abrieb und Waschung.

Nur wenn Konsumenten und Konsumentinnen die Auswirkungen ihres Kaufverhaltens reflektieren und das Kaufverhalten ändern, beginnen auch die Hersteller umzudenken.

8.4 Elternarbeit

8.4.1 Eltern zum Engagement motivieren

Haben sich Träger, Team und Stadt für das plastikfreie Konzept entschieden, sollten auch die Eltern mit ins Boot geholt werden. Der Waldkindergarten „Wurzelkinder" wählte dazu zunächst eine Elterninformationsveranstaltung, auf die im Voraus durch eine Pressemitteilung aufmerksam gemacht wurde.
Neben dem Gesamtkonzept des Waldkindergartens stand das Thema „plastikfrei" im Zentrum:

- Informationen über Plastik, Gesundheit, Umwelt und die Zukunft der Kinder
- Konsequenzen: Reduzieren, Aussortieren
- Vorstellung des Konzepts „plastikfrei"
- gemeinsame Überlegung: Wie können Eltern und Kinder am Konzept mitarbeiten?

Ein Kindergarten kann nicht zwingend eine Mitarbeit am Konzept verlangen, aber dazu motivieren und sie ermöglichen. Gelingt das, werden auch die einzelnen Umsetzungsideen eher angenommen, wie die zwei folgenden Beispiele zeigen.

Kindergartenrucksack

Ob ein Lederrucksack gekauft wird oder ein gängiger Rucksack aus Plastik, ist keine Frage des Geldes (ein Lederrucksack ist tendenziell sogar günstiger), sondern eher eine Frage des Bewusstseins. Da im Waldkindergarten „Wurzelkinder" Lederrucksäcke bereits zur Verfügung stehen und ausgeliehen werden können, wird den Eltern die Entscheidung leicht gemacht. Wenn Alternativen aufgezeigt werden, steht einer Abkehr von Plastik nichts mehr im Wege.

Kleidung

Problematischer kann die Diskussion um bereits vorhandene Kleidung ausfallen. Oft wollen sich Eltern von noch funktionstüchtiger Kleidung aus Plastik aus (nur scheinbar) ökologischen Gründen nicht trennen. Was können pädagogische Fachkräfte ihnen entgegnen?

Das sofortige Entsorgen von Kunstfaser-Kleidung ist anzuraten, da Kunststoffkleidung nicht nur durch ihre Herstellung und Entsorgung Folgen für Gesundheit und Natur hat. Ob heute oder in einem Jahr – entsorgt werden müssen die Kleidungsstücke irgendwann auf jeden Fall. Aber je länger wir sie in Benutzung haben, sie zum Beispiel waschen, desto mehr Mikroplastik gelangt in die Umwelt und die Körper der Kinder.

Auch wenn pädagogischen Fachkräften das Thema „plastikfrei" sehr am Herzen liegt, sollte stets darauf geachtet werden, nicht von oben herab oder mit dem Zeigefinger zu ermahnen. Ihre Aufgabe ist es, zu informieren, Impulse zu geben und gegebenenfalls an die Hand zu nehmen. Überzeugungskraft entsteht dabei vor allem durch die persönliche Authentizität der Fachkräfte.

8.4.2 Aufnahmegespräche

Bei einem Aufnahmegespräch bekommen die Familien eine Führung durch den Bauwagen und das umliegende Gelände, das Konzept „plastikfrei" wird erklärt und sie erhalten Hintergrundinformationen über den Zustand des Ökosystems Erde. Dabei empfiehlt es sich auch, direkt Alternativen zu plastikhaltigen Alltagsartikeln wie Brotdosen, Rucksäcken und Kleidung aufzuzeigen. Im Vordergrund steht das Kindeswohl. Dieser Aspekt ist das grundlegende Argument bei der Elternarbeit. Wer das beherzigt, unterstützt die Idee und Umsetzung hin zu plastikfreien Kindergärten.

Tobias Hornung ist Erzieher im Waldkindergarten Tauberbischofsheim und 2. Vorsitzender des Landesverbandes der Wald- und Naturkindergärten BW e.V..

Was ich noch sagen wollte ...

Die Fähigkeit des Menschen zur Empathie ist verkümmert. Die Offenheit, unser Gegenüber anzuschauen und in seiner Einmaligkeit und Daseinsberechtigung wahrzunehmen – ganz abseits von Nützlichkeitsaspekten –, findet sich immer weniger. Und das nicht nur in Bezug auf unsere Mitmenschen, sondern in Bezug auf unsere ganze Mitwelt. Deshalb bedarf es eines radikalen Perspektivwechsels. Wer sich vorstellt an einem durch Plastik vermüllten Strand Möwe zu sein, wer sich 10 Minuten lang 3 Kilogramm Zucker auf den Bauch legt, um zu erahnen, was ein Fisch mit Plastik im Verdauungstrakt erleidet, öffnet den eigenen kleinen Horizont. Die Überwindung solcher Empathie-Grenzen ist von existenzieller Bedeutung für die Überlebensfähigkeit der Spezies Mensch, die eine ungeheure Verfügungsgewalt über die Natur besitzt. Denn die derzeitig vorherrschende normative Grundeinstellung zur Mitwelt ist geprägt durch ein „Ich-zuerst-Prinzip". Achtsam entdecken und pflegen wir vor allem unser Selbst.

Dass Kinder Manieren für den Umgang mit Menschen lernen, reicht nicht. Wir müssen ein verantwortungsbewusstes Verhalten der gesamten Mitwelt gegenüber vorleben. Und wir müssen Kindern einen wertschätzenden Umgang mit dem Leben, das sie umgibt, beibringen. Wir müssen ihnen zeigen, wie man im alltäglichen Tun und Lassen der Mitwelt sensibel begegnen kann. Dabei steht es dem Menschen gut an, das „Kostüm" der Demut aus der Mottenkiste der abgelegten, geschmähten Tugenden hervorzuholen. Demut als innere Grundhaltung.

Wir haben ein wunderbares Grundgesetz, auf das wir uns dabei berufen können. In Artikel 20a heißt es: „Der Staat schützt auch in Verantwortung für die künftigen Generationen die natürlichen Lebensgrundlagen und die Tiere im Rahmen der verfassungsmäßigen Ordnung durch die Gesetzgebung und nach Maßgabe von Gesetz und Recht durch die vollziehende Gewalt und die Rechtsprechung."

Aber die Verfassung ist „nur" ein Rechtskonstrukt. Es braucht eine Zivilgesellschaft, die geschriebenes Recht kennt und sich persönlich für dessen Umsetzung starkmacht. Natur, Tiere und Pflanzen brauchen Fürsprecher und Fürsprecherinnen. Hoffnungsfrohe Kinder brauchen Fürsprecher und Fürsprecherinnen. Nur wenn die politisch Verantwortlichen diese Gegenöffentlichkeit wahrnehmen, Widerstand spüren, kann Recht Wirklichkeit werden und sich damit etwas verändern. Meine größte Hoffnung ist der öffentliche Protest der nachwachsenden Generation.

Aber auch wir, als in der Verantwortung stehende Erwachsene, müssen sichtbar werden und öffentlich eintreten für unsere Werte, für das, was wir als gut und zukunftsfähig erkannt haben. Plastikfrei ist das eine. Ein Leben im Bewusstsein des Klimawandels umfasst mehr.

Quellen

BfR (Bundesinstitut für Risikobewertung) (2005): BfR empfiehlt Warnhinweis für Spielzeug aus Weich-PVC. Stellungnahme Nr. 020/2005. https://mobil.bfr.bund.de/cm/343/bfr_empfiehlt_warnhinweis_fuer_spielzeug_aus_weich_pvc.pdf.

BfR (Bundesinstitut für Risikobewertung) (2011): Freisetzung von Melamin und Formaldehyd aus Geschirr und Küchenutensilien. Stellungnahme Nr. 012/2011. https://www.bfr.bund.de/cm/343/freisetzung_von_melamin_und_formaldehyd_aus_geschirr_und_kuechenutensilien.pdf.

Bibliographisches Institut (2019): Artikel Verzicht. www.duden.de/rechtschreibung/Verzicht.

BUND (2018): Achtung Plastik! Chemikalien in Plastik gefährden Umwelt und Gesundheit. www.bund.net/service/publikationen/detail/publication/achtung-plastik.

BUND (2019a): Hormongifte Bisphenol A und Parabene in Kindersocken gefunden. www.bund.net/themen/aktuelles/detail-aktuelles/news/hormongifte-bisphenol-a-und-parabene-in-kindersocken-gefunden.

BUND (2019b): Ratgeber für PVC-freie Kindergärten und Kinderzimmer. www.bund.net/fileadmin/user_upload_bund/publikationen/chemie/pvc_ratgeber_broschuere.pdf.

Bunk, A.; Schubert; N. (2016): Besser leben ohne Plastik. München: oekom verlag.

Fraunhofer Umsicht (Hrsg.) (2018): Mikroplastik und synthetische Polymere in Kosmetikprodukten sowie Wasch-, Putz- und Reinigungsmitteln. Endbericht der Studie des Fraunhofer Instituts im Auftrag des NABU. www.umsicht.fraunhofer.de/content/dam/umsicht/de/dokumente/publikationen/2018/umsicht-studie-mikroplastik-in-kosmetik.pdf.

Gerst, A. (2018): Nachricht an meine Enkelkinder (Videobotschaft). European Space Agency (ESA) . https://www.youtube.com/watch?v=4UfpkRFPIJk&feature=emb_title.

Greenpeace (2005): Giftigkeit von Kunststoffen. Erhältlich unter www.swimkids.de/upload/pdf/isifeel/greenpeace_Giftigkeit_von_kunststoffen.pdf.

Greenpeace (2018): Textil-Siegel im Greenpeace-Check. www.greenpeace.de/presse/publikationen/textil-siegel-im-greenpeace-check.

Grimm, F. (2019): Kolumne: Auf der Suche nach der Greta in uns. Schrot und Korn. https://schrotundkorn.de/lebenumwelt/lesen/kolumne-auf-der-suche-nach-der-greta-in-uns.html?fbclid=IwAR2Cbgldqd4v4BXocjByySbSY-By3v8f44otmsY4U_1cl4zECi1SOyUqQUo.

Hartmann, C. (2015): Phthalat- und Bisphenol A-Belastung in Österreich. Ergebnisse einer Human-Biomonitoring-Studie. www.umweltbundesamt.at/fileadmin/site/publikationen/REP0532.pdf.

Heinrich Böll Stiftung; BUND (Hrsg.) (2019): Plastikatlas. Daten und Fakten über eine Welt voller Kunststoff. www.boell.de/de/2019/05/14/plastikatlas.

Jambeck, J. R.; Geyer, R. et al. (2015): Plastic waste inputs from land into the ocean. In: Science, 347, S. 768–771.

Kanz, H. (1986): Seinsdemut. Erziehungsphilosophische Aspekte zu einer erzieherischen Grundhaltung. Frankfurt: Peter Lang.

Kronberger Kreis für Qualitätsentwicklung in Kindertageseinrichtungen (Hrsg.) (2001): Qualität im Dialog entwickeln: Wie Kindertageseinrichtungen besser werden. Seelze: Kallmeyer.

MacArthur, E.; Waughray, D. K. N. (2016): How can we create a world where plastic never becomes waste? World Economic Forum. www.weforum.org/agenda/2016/01/how-can-we-create-a-world-where-plastic-never-becomes-waste.

Menasse, E. (2019): Vom Verschwinden der Öffentlichkeit. Deutschlandfunk. www.deutschlandfunk.de/gesellschaftsdebatte-vom-verschwinden-der-oeffentlichkeit.1184.de.html?dram:article_id=453426.

Miklitz, I. (2012): Der Lebenspraktische Ansatz – Practical Life Approach. www.kindergartenpaedagogik.de/fachartikel/paedagogische-ansaetze/moderne-paedagogische-ansaetze/1680.

Miklitz, I. (2012b): Ich wollte mal nützlich sein ... pädagogische Gedichte. Schwäbisch-Hall: Elkina-Verlag.

Miklitz, I. (2018): Eins und Alles. In: Fachzeitschrift für Elementarpädagogik im Naturraum „Draußenkinder", Ausgabe 4/2018.

Nolt, J. (2011): How Harmful Are the Average American's Greenhouse Gas Emissions? In: Ethics, Policy & Environment, 14(1), S. 3–10.

Öko-Test (2016): 8 Puzzlematten im Test. Dicke Luft? www.oekotest.de/kinder-familie/8-Puzzlematten-im-Test_107285_1.html.

Öko-Test (2018a): 16 Gummistiefel für Kinder im Test. So ein Dreck. www.oekotest.de/kinder-familie/16-Gummistiefel-fuer-Kinder-im-Test_111418_1.html.

Öko-Test (2018b): Warnung. Aus altem Plastikspielzeug können sich giftige Schwermetalle lösen. www.oekotest.de/kinder-familie/Warnung-Aus-altem-Plastikspielzeug-koennen-sich-giftige-Schwermetalle-loesen_600139_1.html.

Sandler, R. (2010): Ethical Theory and the Problem of Inconsequentialism. Why Environmental Ethicists Should be Virtue-Oriented Ethicists. In: Agricultural and Environmental Ethics, 23, S. 167–183.

Schulz, C. (2018): Die 5 großen Müllstrudel im Meer. www.careelite.de/muellstrudel-im-meer.

Schütze, S. (2015): Wann bunte Küchenhelfer giftig werden. Silikon, Kunststoff, Melamin. SWR Aktuell. www.swr.de/swraktuell/silikon-kunststoff-melamin-wann-bunte-kuechenhelfer-giftig-werden/-/id=396/did=15872966/nid=396/1nbonn/index.html.

Spektrum (1999): Lexikon der Biologie: Ökosystem. www.spektrum.de/lexikon/biologie/oekosystem/47498.

Umweltbundesamt (2010): Was sind Polyzyklische Aromatische Kohlenwasserstoffe (PAK), wie kann ich belastete Produkte erkennen? www.umweltbundesamt.de/sites/default/files/medien/377/dokumente/faqs-pak.pdf.

Umweltbundesamt (2012): Biokunststoffe nicht besser. Verpackungen aus bioabbaubaren Kunststoffen sind denen aus herkömmlichen Kunststoffen nicht überlegen. https://www.umweltbundesamt.de/presse/pressemitteilungen/biokunststoffe-nicht-besser.

Umweltbundesamt (2017): Verrottet Plastik gar nicht oder nur sehr langsam? www.umweltbundesamt.de/service/uba-fragen/verrottet-plastik-gar-nicht-nur-sehr-langsam.

Wald- und Naturkindergärten Landesverband BW e. V. (2019): Auf dem Weg zum plastikfreien Waldkindergarten. Film. www.waldkindergartenlandesverband.de/aktuelles.

Water Footprint Network (2017): Product gallery. http://waterfootprint.org/en/resources/interactive-tools/product-gallery.

Wintermantel, B. (2019): TÜV warnt: Oft Schadstoffe in Flip-Flops. Öko-Test. www.oekotest.de/kosmetik-wellness/TUeV-warnt-Oft-Schadstoffe-in-Flip-Flops-_10733_1.html.

World Economic Forum (2016): The New Plastics Economy. Rethinking the future of plastics. www3.weforum.org/docs/WEF_The_New_Plastics_Economy.pdf.

Yu, M.; van der Ploeg, M. et al. (2019): Leaching of microplastics by preferential flow in earthworm (Lumbricus terrestris) burrows. In: Environmental Chemistry, 16(1), S. 31–40.

Zalko, D.; Jacques, C. et al. (2011): Viable skin efficiently absorbs and metabolizes bisphenol A. In: Chemosphere, 82(3), S. 424–430.

Stand der Internetquellen: 20.09.2019